ОКСАНА СТАЗИ

ЖИЛ-БЫЛ СЕРЁЖА

РАССКАЗЫ
для самых маленьких

Книга 1

УДК 821.161.1-31-93Стази О.
ББК 84(2=411.2)6-44я44
С76

Одобрено Экспертным советом Министерства образования и науки РФ ФГАУ ФИРО по образованию и социализации детей для использования в системе дополнительного образования.

«Жил-был Серёжа. Книга 1. Рассказы для самых маленьких» соответствует психолого-педагогическим критериям.
РЕКОМЕНДОВАНО МОО «Экспертиза для детей».
Присвоена Высшая категория соответствия со знаком «Золотого солнышка».

Стази О.

С76 Жил-был Серёжа. В 3 кн. Кн. 1 : [сб. рассказов : для чтения родителями детям от 2 лет] / О. Стази. — М. : ИЗДАТЕЛЬСТВО БИЛИНГВА, 2019. — 132 с. : ил.

ISBN 978-5-906875-24-2 (общ.)
ISBN 978-5-906875-25-9 (кн.1)

Эта книга — сборник рассказов для самых маленьких. Родители смогут читать её своим детям. Ваш ребёнок будет расти вместе с главным персонажем книги — мальчиком Серёжей. Он будет играть, гулять на улице, общаться с другими детьми и всегда узнавать что-то новое и интересное. В конце каждого рассказа есть небольшие задания (рекомендации по их выполнению приведены в конце книги), в которых ваш малыш сможет сам нарисовать или раскрасить картинки, рассказать про себя, про свои игрушки и друзей, про маму, папу, бабушек и дедушек.

Литературно-художественное издание
Книга для чтения родителями детям

Стази Оксана

ЖИЛ-БЫЛ СЕРЁЖА

РАССКАЗЫ ДЛЯ САМЫХ МАЛЕНЬКИХ

Книга 1

Подписано в печать 16.04.2019. Формат 60 × 90⅛. Объём 16,5 п. л.
Гарнитура медиевальная. Бумага офсетная. Печать офсетная. Тираж 3000 экз. Заказ

www.bilingva.ru

Отпечатано ООО «ТВЕРСКОЙ ПЕЧАТНЫЙ ДВОР»
170518, г. Тверь, с. Никольское, 26

© Стази О.Ю., 2013
© Стази О. Ю., 2016, с изменениями
© Бабок Е., иллюстрации, 2013
© ООО ИЗДАТЕЛЬСТВО БИЛИНГВА, 2019

ISBN 978-5-906875-24-2 (общ.)
ISBN 978-5-906875-25-9 (кн. 1)

Привет!

Как тебя зовут? Приятно познакомиться!

А это мальчик Серёжа. Он любит папу и маму.

Любит играть с игрушками и гулять на улице.

Серёжа ещё маленький, как и ты. Вы будете расти вместе,

пока родители будут тебе читать эту книгу.

Пожалуйста, делай задания после каждого рассказа.

Ты вместе с Серёжей узнаешь много нового и интересного,

а твои мама с папой обрадуются и похвалят тебя.

Ну что, начнём читать?

ЗНАКОМСТВО С СЕРЁЖЕЙ

Ты уже познакомился с Серёжей. Он живёт вместе с папой и мамой. У них дружная семья. У Серёжи есть бабушки и дедушки, которые его очень любят и часто навещают.

У Серёжи есть любимая игрушка — львёнок Симба. Он ещё маленький, как Серёжа. Серёжа иногда его кормит — понарошку, конечно. А когда ложится спать, обнимает львёнка.

Серёжа любит рисовать. Вот он нарисовал что-то на листочке и сразу побежал к маме показывать свой рисунок.

Мама спрашивает:

— Что это, Серёжа?

— Это — самолёт. «У-у-у!» — вот так он гудит.

— Хороший у тебя получился самолёт: и крылья у него есть, и колёса, и окошки,— говорит мама.

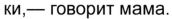

Серёжа возвращается к своему столику и снова рисует. Мама заглядывает в его рисунок.

— Мама, это ты, а это — папа, — радостно сообщает ей Серёжа.

Мама улыбается, ей нравится Серёжин рисунок.

Вечером приходит папа, и Серёжа показывает ему, что он нарисовал.

Папа вешает Серёжины рисунки на стену. Теперь они видны всем.

Задания

1. Соедини точки линией и помоги Серёже закончить рисунок и раскрасить его.
2. Что ещё нарисовал Серёжа?
3. А что любишь рисовать ты?

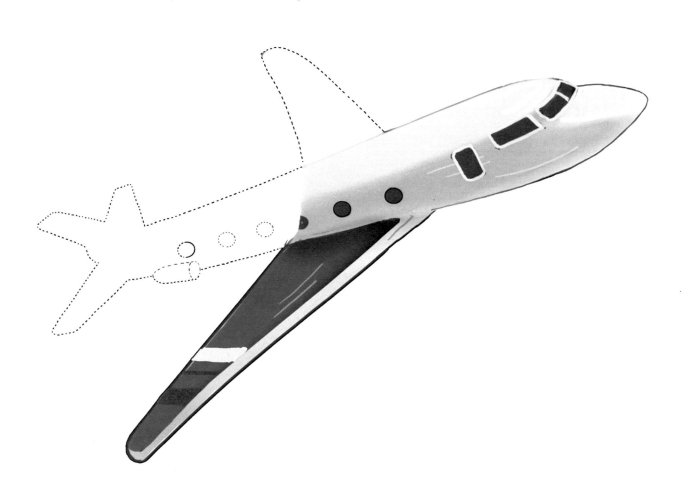

КАКОЙ Я?

Серёжа подошёл к зеркалу, широко раскрыл глаза и показал язык.

— Бе-е! — сказал он. А потом сделал губы бантиком и покривлялся. Ему смешно, он корчит рожицы и хохочет.

— Серёжа, кого ты видишь в зеркале? — спрашивает бабушка и объясняет: — Там ты — Серёжа. Расскажи мне, ты какой?

Серёжа становится серьёзным и внимательно рассматривает себя.

— Твои волосы тёмные или светлые? — спрашивает бабушка.

— Светлые, — отвечает Серёжа.

— Они длинные или короткие? — снова спрашивает бабушка. Серёжа трогает свои волосы и вертит головой.

— У тебя короткие волосы, светлые и кудрявые. Смотри, какие кудряшки, — говорит бабушка и гладит Серёжу по голове. — А у меня волосы прямые, вот посмотри сам.

Серёжа трогает бабушкины волосы.

— Мягкие, — говорит он и улыбается.

— А теперь посмотри на свои глазки. Какого они цвета? — спрашивает бабушка.

Серёжа смотрит в зеркало.

— Голубые, — отвечает он.

— На кого похож наш Серёжа? На папу и немножечко на маму! Давай я тебя нарисую, — бабушка берёт карандаш и рисует круг.

— Это лицо. Оно круглое.

Теперь бабушка берёт голубой карандаш и рисует глазки.

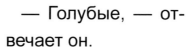

— Над глазками находятся бровки. Дотронься пальчиком до них, — предлагает бабушка и помогает Серёже потрогать его брови и рассмотреть их в зеркале.

— На глазках есть реснички. Я рисую их вот так, — говорит бабушка и рисует реснички.

Серёжа стоит у зеркала и внимательно рассматривает себя: свои глазки, брови, реснички. Он смешно шевелит бровями: то поднимает их вверх, то опускает.

— Что ещё есть на лице? На лице есть носик и ротик, — бабушка рисует нос и рот. — Щёки мы сделаем розовыми. А теперь вместе нарисуем волосы. Возьми карандаш!

Серёжа берёт карандаш, бабушка обхватывает его руку своей, и они вдвоём рисуют кружочки. Получаются кудряшки.

— Теперь нарисуем туловище, руки и ноги. Всё, рисунок готов! Кого я нарисовала? Я нарисовала Серёжу, — говорит бабушка. — Мама и папа придут с работы, мы покажем им наш рисунок и скажем: смотрите, это же Серёжин портрет! Вот они обрадуются!

Задания

1. Дети рассказывают о том, какие они. Раскрась их волосы и глаза в нужный цвет.

— Меня зовут Андрей, у меня коричневые волосы и голубые глаза.

— Меня зовут Марина, у меня чёрные волосы и карие глаза.

— Я — Серёжа. Какие у меня глаза и волосы?

2. Расскажи, какие у тебя волосы.
3. Какого цвета глаза у твоих мамы и папы?

ДЛЯ ЧЕГО НУЖНЫ ГЛАЗКИ, УШКИ И НОСИК?

Бабушка и Серёжа в парке. Серёжа идёт по дорожке и тянет за собой на верёвочке паровоз.

— Чух-чух-чух! — шумят колёса.

— Ш-ш-ш! Ш-ш-ш! — шелестят листочки на деревьях.

— Чик-чирик! Чик-чирик! — чирикают птички.

— Гав-гав! — где-то громко залаяла собака.

— У-у-у! — полетел самолёт в небе.

— Бип-бип! — посигналила машина. Вот сколько разных звуков на улице!

— Чем мы слышим, Серёжа? — спрашивает бабушка.

Серёжа берётся двумя ручками за свои ушки.

— Правильно, мы слышим ушами. Если мы закроем уши руками, мы что-нибудь услышим? Нет, слышать мы тогда будем плохо. А что мы видим? Цветочки и травку на поляне, голубое небо. Видим, как деревья качаются от ветра, как в небе летит самолёт и оставляет за собой белую полоску. Чем мы видим? — спрашивает бабушка.

Серёжа показывает на свои глазки.

— Правильно, мы видим глазами. Давай теперь закроем их и послушаем звуки, — предлагает бабушка.

Серёжа ладошками закрывает глаза и прислушивается.

— У-у-у! — Что это? Это гудит самолёт в небе. — Ш-ш-ш! — Что это? Это шелестят листочки на деревьях.

— Топ-топ! — А это что? Это мимо проходят люди.

Серёжа открывает глазки, и бабушка спрашивает его:

— Для чего нам нужен носик? Чтобы нюхать, — бабушка наклонилась над цветочком и понюхала его.

— Как приятно пахнет! — говорит она. — Понюхай, Серёжа!

Серёжа нюхает цветочек. Ему тоже нравится этот нежный запах.

— С помощью носика мы дышим и чувствуем аромат цветка, — объясняет бабушка. — Для чего нужен ротик? Чтобы кушать и разговаривать. Для чего нам ножки? Чтобы ходить и бегать. А голова для чего? Чтобы думать! Так люди думали-думали и придумали строить дома, делать машины и многое другое.

Бух! Это Серёжин паровоз перевернулся!

Бабушка говорит:

— А теперь Серёжа подумает-подумает и придумает, как сделать, чтобы паровоз снова поехал.

Глядь, а Серёжа уже поставил паровоз на колёса.

— Молодец, Серёжа, умеешь думать! — хвалит бабушка.

Задания

Покажи, назови и соедини линией на картинке:

1. То, чем мы видим.
2. То, чем мы слышим.
3. То, чем мы чувствуем запахи.
4. То, чем мы едим.

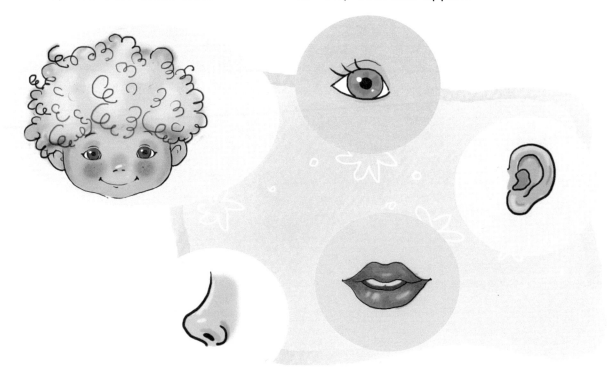

СЕРЁЖИН РАСПОРЯДОК ДНЯ

Утром встаёт солнышко. Поднимается высоко в небо и согревает своими лучами землю, деревья, травку. Утром просыпаются мама, папа и Серёжа.

— Доброе утро, Серёжа! — говорят мама с папой и целуют своего любимого сыночка.

Серёжа идёт умываться. Он набирает в ладошки водичку и несёт её к глазкам. Водичка помогает глазам проснуться.

Серёжа расчёсывается. Он смотрит на себя в зеркало и улыбается. Из зеркала ему в ответ улыбается красивый мальчик: глазки блестят, волосы расчёсаны. Что это за мальчик? Это Серёжа.

По утрам люди завтракают. И Серёжа тоже идёт завтракать. Он будет есть творожок. Серёжа берёт ложечку в руки и сам подносит её к ротику. Запивает чаем. Мама и папа завтракают рядом с Серёжей.

— Молодец, Серёжа, всё съел, тарелка пустая! — радуется мама.

После завтрака Серёжа чистит зубы. Он берёт зубную щётку, выдавливает на неё из тюбика зубную пасту. Во рту остались крошки, и нужно очистить от них зубки.

Теперь можно собираться на прогулку. Серёжа с мамой пойдут в парк. Серёжа берёт с собой машину на верёвочке, ведёрко, лопатку и грабли.

Вернувшись домой, Серёжа моет руки. Он поворачивает кран, хорошо намыливает ладошки и смывает с них всю грязь. Вытирает руки полотенцем и идёт на кухню. Там мама уже подогрела Серёже суп. Наступило время обеда.

— Приятного аппетита, Серёжа! — говорит мама.
— Спасибо! — отвечает он.

Что делает Серёжа после обеда? Серёжа идёт спать. В парке он много ходил, бегал, играл и потому устал. Теперь нужно отдохнуть в своей кроватке. Но сначала на горшок!

Мама целует Серёжу и говорит:

— Спи, сынок!

Что будет делать Серёжа, когда проснётся? Играть: строить дом, кидать мяч, возить машину. Потом он снова пойдёт гулять на улицу.

Вечером папа вернётся с работы и поиграет с Серёжей.

По вечерам люди ужинают. Мама приготовила для Серёжи вкусную кашу с котлетой. Когда Серёжа доест, он пойдёт купаться.

Как Серёжа купается? Он берёт мыло, мылит ручки, намыливает мочалку и трёт ею ножки. Мама помогает ему.

Вечером темнеет, все люди ложатся спать. И Серёжа ляжет в кроватку, обнимет своего Симбу, а мама почитает ему книжку.

— Спокойной ночи, Серёжа! — скажут мама и папа и поцелуют своего сыночка.

Задание

Посмотри на картинки и расскажи, что делает Серёжа.

МАМА ДЕЛАЕТ ЗАРЯДКУ

Серёжа смотрит на маму и смеётся. Почему Серёже смешно? Что делает мама? Мама подняла руки вверх, потом развела их в стороны. Мама наклоняется и приседает. Серёжа думает, что мама так играет. Но мама не играет, она делает зарядку.

— А ты знаешь, Серёжа, тот, кто делает зарядку, сильный и здоровый! — говорит мама. — Иди, попробуй сделать упражнения вместе со мной, — предлагает она.

Серёжа хочет делать, как мама. Он тоже приседает и встаёт, снова приседает и снова встаёт. Ой, как интересно делать зарядку!

Но, что такое? Мама всё ещё приседает, а Серёжа больше не хочет. Он устал. Серёжа ещё маленький, поэтому устаёт быстрее, чем мама.

— Ничего, — говорит мама. — Если будешь делать зарядку каждый день, твои ручки и ножки станут сильнее. Тогда ты не будешь так быстро уставать.

Серёжа отдохнул немножко и снова стал повторять за мамой: наклон вправо, наклон влево. Наклон вправо, наклон влево. Зарядка окончена.

— Мама, я хочу пить, — говорит Серёжа.

Мама наливает в стаканчик апельсиновый сок.

— Пей, Серёжа. Сок вкусный и полезный. В нём много витаминов.

Серёжа будет делать зарядку и пить сок. Он вырастет большим и сильным.

Задания

1. Чтобы не забывать последовательность упражнений, мама повесила на стену плакат с изображением каждого упражнения. Покажи линией, какое из них делает Серёжа.
2. Расскажи, делаешь ли ты утреннюю зарядку.

СЕРЁЖА ОБЕДАЕТ

— Серёжа, иди обедать! — зовёт мама.

Пока Серёжа моет руки перед едой, мама наливает в тарелку суп. Серёжа садится за стол, надевает нагрудник, чтобы не испачкать одежду.

— Приятного аппетита! — говорит мама.

— Спасибо, — отвечает Серёжа.

Серёжа сам держит ложечку в руке, и сам подносит её к ротику. Мама рядом. У неё тоже ложка. Сначала Серёжа подносит ложку ко рту, потом мама, и снова Серёжа.

— Ням-ням, как вкусно! Ну, вот и тарелочка пустая.

— Молодец, Серёжа. Всё съел. Теперь возьми салфетку и вытри ротик и ручки. Посмотри, сколько пятен осталось на фартучке. А теперь посмотрим на твою футболку — она чистая! Нагрудник защитил её от пятен.

Задания

1. Рассмотри рисунок и расскажи, из какой посуды можно пить, а из какой — есть.

2. Найди пару Серёжиной тарелке и соедини обе тарелки линией.

СЕРЁЖА ИГРАЕТ ДОМА

У Серёжи много разных игрушек. Он любит ими играть. Сейчас Серёжа выбрал поезд.

Чух-чух! Ту-ту! — это поезд поехал по железной дороге. А вот едут машины. Стойте, машины! Видите, шлагбаум закрыт, для вас горит красный свет! Но вот поезд прошёл, шлагбаум поднялся, и машины снова поехали. Наигрался Серёжа поездом и взял мячик. Он бросает мячик на пол, об стенку и маме в руки. Серёже нравится играть мячом. Ему так весело, что он смеётся!

Наигрался Серёжа мячиком и взял кубики, чтобы построить дом. Кто в домике будет жить? Симба! Рядом с домиком Серёжа построил гараж и поставил туда машину.

Но вот надоело Серёже играть кубиками, он взял пирамидку. Разбросал все колечки по полу и смотрит, как они перекатываются, будто танцуют.

Одно колечко закатилось под кровать.

— Мама, мама! Помоги колечко достать! — просит Серёжа.

Мама достала колечко и предложила Серёже собрать пирамидку.

— Сначала самое большое колечко наденем — синее, затем поменьше — красное и самое маленькое — зелёное. Ну вот, готово! Теперь надо надеть верхушку, — говорит мама.

Пока Серёжа играл, он проголодался. Но перед тем как пойти есть, нужно сложить все игрушки на место. Кубики и мячик — в коробку для игрушек. Пирамидку и Симбу — на полку, машины надо убрать в шкафчик.

Мама помогает Серёже сложить игрушки. Вдвоём убирать быстрее и веселее!

Ну вот, в комнате порядок. Мама довольна:

— Молодец, Серёжа, все игрушки разложил по местам!

Задания

1. Назови цвет каждой машины.
2. Раскрась колёса в те же цвета, что и сами машины.

СЕРЁЖА КАПРИЗНИЧАЕТ

Сегодня у Серёжи плохое настроение. Ему всё не нравится. Мама предложила Серёже кашу, но он отвернулся от тарелки и не хочет есть.

Тогда мама дала Серёже его любимый творожок, но и от него Серёжа отказался. Он не хочет кушать и почему-то плачет.

Мама обеспокоена.

— Ладно, — говорит она. — Давай пойдём на улицу. Может, после прогулки у тебя появится аппетит?

Мама и Серёжа гуляют во дворе. Но Серёжа не хочет ходить, он просится к маме на ручки и снова плачет.

Мама берёт своего сыночка на руки и целует.

— Не плачь, Серёжа, я тебя люблю! Сейчас придумаю, чем тебе помочь.

Серёжа обнимает маму за шею двумя руками. Ему становится лучше, когда мама рядом и ласково разговаривает с ним.

Дома Серёжа съедает несколько ложек вкусной кашки. После прогулки Серёжа проголодался.

Теперь мама укладывает Серёжу в кроватку.

— Держи своего львёнка Симбу, — говорит она и даёт Серёже его любимую игрушку. Серёжа обнимает львёнка и закрывает глазки.

Мама больше не беспокоится, она знает, что иногда дети капризничают, потому что плохо себя чувствуют. Может, у Серёжи зубки режутся? Может, болит животик? Мама жалеет своего сыночка. Пусть он поспит, и у него всё пройдёт! А она будет рядом. Если Серёже понадобится помощь, мама поможет ему: полечит, пожалеет, поцелует, накормит вкусной кашей, и Серёжа снова будет чувствовать себя хорошо!

Задания

1. Покажи, у какого клоуна плохое настроение, а у какого — хорошее.

2. Раскрась круг таким же цветом, как штаны у весёлого клоуна.
3. Раскрась квадрат таким же цветом, как шляпа у весёлого клоуна.
4. Раскрась треугольник таким же цветом, как нос у весёлого клоуна.

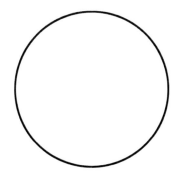  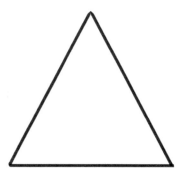

СЕРЁЖА ПРИМЕРЯЕТ ПАПИНУ ОДЕЖДУ

Наступил вечер. На улице темнеет. Серёжа смотрит в окно и видит, как внизу ездят машины, зажигаются фонари и свет в окошках домов.

Вдруг раздаётся звонок в дверь: дзынь-дзынь! Это, наверное, папа с работы пришёл. Серёжа бежит встречать папу. Папа целует своего любимого сыночка и берёт его на руки. Папа высокий и сильный. Он поднимает Серёжу высоко, под самый потолок! Серёжа весело смеётся.

А теперь папа и мама сидят в креслах и разговаривают. А что делает Серёжа? Ой, смотрите: он надел папины туфли, папину куртку и папин галстук!

— Шлёп-шлёп! — это Серёжа шагает, а туфли громко стучат по полу.

— Мама, папа! — зовёт Серёжа. — Смотрите, кто к вам пришёл!

Мама и папа смотрят на Серёжу и смеются.

— Кто этот незнакомец? Неужели это наш Серёжа так вырос?

Задания

1. Назови все вещи, которые ты видишь на рисунке.
2. Обведи в кружок те вещи, которые надел Серёжа.
3. Покажи, что носят папы, а что — мамы.

СЕРЁЖА КУПАЕТСЯ

Мама напускает в ванну воду. Что надо сделать, чтобы водичка полилась? Надо повернуть кран. Серёжа тоже умеет это делать. Он знает: если повернуть краник с красным кружком, побежит горячая вода, с синим — холодная.

Мама повернула оба крана, холодная вода перемешалась с горячей и стала тёплой.

Серёжа любит купаться. Пока не разделся, он стоит рядом с мамой и бросает в ванну игрушки.

Бульк! — это уточка нырнула в воду.

Плюх! — это лодочка.

— А что теперь упало в воду? Это машинка! Настоящие машины не ездят по воде, но у Серёжи машинка игрушечная, её можно искупать.

Серёжа сидит в ванне и играет. В лодочку он посадил маленького пластмассового мишку и наблюдает, как лодка качается на волнах. Рядом плавает игрушечная мама-утка с утятами. А по краю ванны Серёжа возит машинку: это как будто дорога, а внизу море.

— Пора мыть голову, — предупреждает мама и наливает на Серёжины волосы шампунь.

— Закрывай глазки, чтобы в них не попала вода, — говорит она и берёт душ.

Ш-ш-ш, — полилась водичка. Серёжа наклоняет голову пониже, и мама смывает шампунь с его волос.

Серёжа не любит душ. Не любит, когда вода течёт по лицу и попадает в глаза и нос. Но мама говорит, что ничего страшного в этом нет. Водичка не сделает Серёже ничего плохого. Наоборот, она смоет с него пыль и грязь, и Серёжа снова станет чистеньким.

Серёжа спокойно терпит, пока мама смывает шампунь с головы. Он даже сам держит душ и сам льёт себе на голову водичку. Вот какой молодец Серёжа! Он не боится воды.

Мама вытирает Серёжу полотенцем. Оно мягкое и тёплое. Серёже приятно.

Мама хотела расчесать Серёжины волосы, но смотрите, что делает Серёжа: он взял расчёску и расчёсывается сам!

— Молодец, Серёжа! Какой ты самостоятельный!

Мама надевает на Серёжу пижаму и несёт его в кроватку.

Задания

1. Рассмотри верхнюю картинку. Найди на ней все предметы, нарисованные ниже.
2. Расскажи, какие игрушки взял с собой в ванну Серёжа.

ЗАЧЕМ НАДО СПАТЬ?

Наступил вечер. Серёжа искупался, надел пижамку, но не ложится в кроватку, сидит на полу и играет машинками.

— Серёжа, уже поздно, пора спать! — говорит мама.

— Зачем надо спать? — спрашивает Серёжа.

— Потому что наступает ночь. Солнышко уходит спать и перестаёт освещать землю, — объясняет мама.— Посмотри в окошко: видишь, на небе звёзды горят, месяц светит, а солнышка нет. Ночью все спят: и птички, и собачки, и кошки. Ночью должны спать дети и их родители. Спать надо, чтобы хорошо отдохнуть и набраться новых сил, — рассказывает мама. — Утром солнышко проснётся, осветит землю своими лучами и всех разбудит: птичек, зверят, людей. Это будет завтра, а сейчас ночь, и все ложатся спать!

Серёжа укладывается в кроватку, обнимает своего Симбу. Рядом с кроваткой горит ночник. Серёжа закрывает глазки.

— Спи, Серёженька, ты отдохнёшь, и завтра у тебя будет много-много сил!

Задания

1. Посмотри на картинки, покажи, где ночь, а где день.
2. Расскажи, что ты видишь на картинках.

СЕРЁЖЕ ПРИСНИЛСЯ СТРАШНЫЙ СОН

Ночью Серёже приснился страшный сон, он испугался и заплакал. Мама прибежала к Серёже в комнату и обняла его.

— Что случилось, Серёженька? Тебе что-то плохое приснилось?

— Здесь кто-то есть? — спрашивает Серёжа.

Мама включает ночник.

— Никого чужого здесь нет. Это был сон. Смотри, в комнате только мы с тобой. — Иногда мне тоже снятся плохие сны, — признаётся мама. — Тогда я просыпаюсь и говорю: уйди, плохой сон, приди, хороший! Поворачиваюсь на другой бок и засыпаю. И ты ложись в кроватку, обними Симбу, он будет охранять тебя от плохих снов. А мы с папой всегда рядом, мы тебя в обиду не дадим!

Серёжа ложится в кроватку и обнимает львёнка. Он больше не боится, он засыпает.

— Тс-с, — мама на цыпочках выходит из комнаты.

Задания

1. Маленький зайчонок заблудился в лесу. Ему страшно без мамы. Помоги маме найти своего зайчонка и успокоить его.
2. Закрась нужный путь красным цветом.

МАМА ГОВОРИТ ПО ТЕЛЕФОНУ

Мама читает Серёже сказку и показывает рисунок.

— Это зайчик, он грызёт морковку. Зайчик дружит с котёнком. «На, котёнок, попробуй морковку», — предлагает зайчик. Но котёнок не хочет морковку. Котята любят пить молочко и есть сметану.

— Дзынь! — звонит телефон.

— Алло! — говорит мама.

Серёжа не хочет, чтобы мама разговаривала по телефону, он хочет, чтобы она читала ему сказку.

— Мама, мама, — кричит Серёжа, — читай!

— Подожди, Серёжа, не шуми, я говорю по телефону, — отвечает мама.

Но Серёжа не хочет ждать и кричит всё громче:

— Читай, читай, читай! — и даёт маме книгу.

Мама кладёт телефонную трубку на место. Она расстроена.

— Серёжа, когда мама говорит по телефону, нельзя кричать. Оттого что ты кричишь, я расстраиваюсь, — объясняет она. — Вот ты кричал, и я не услышала, что мне сказали по телефону. Теперь я не могу читать книгу, сначала я должна позвонить и внимательно послушать. Пожалуйста, посиди тихонько пять минут и посмотри картинки. Хорошо? — просит мама.

— Хорошо, — соглашается Серёжа.

И что же мы видим? Мама говорит по телефону, а Серёжа не мешает ей, не кричит! Он тихонько сидит в кресле и рассматривает рисунки в книжке. Сам! Вот какой молодец Серёжа. Он не расстраивает свою маму, он делает так, как она его попросила.

Ну вот, мама закончила говорить по телефону.

— Спасибо, Серёжа, за то, что ты тихонько сидел. Ты порадовал меня, теперь я порадую тебя: дочитаю сказку до конца.

Мама довольна и Серёжа рад. Хорошо, что они живут дружно: Серёжа радует маму, а мама — Серёжу.

Задания

1. Расскажи, кто из животных что любит есть.
2. Соедини линией животное и еду, которую оно любит.

КАК ОДЕВАТЬСЯ ЗИМОЙ?

Серёжа собирается гулять во дворе. Но какая на улице погода? Нужно ли одеваться тепло? Чтобы это узнать, мама и Серёжа смотрят в окно. Видят: на улице снег, термометр показывает три градуса мороза.

— Надо одеться потеплее, — говорит мама.

Что же надевает Серёжа? Колготки, футболку, а поверх неё — свитер и комбинезон. Мама помогает Серёже надеть сапожки. Осталось надеть шапку. Но что это? Серёжа не хочет надевать шапку. Он не любит быть в шапке.

— Серёжа, на улице холодно. Зимой все люди носят шапки. Тот, кто шапку не наденет, может заболеть, — объясняет мама.

— Нет, — отвечает Серёжа.

— Как только мы с тобой выйдем на улицу, тут же ветер и мороз набросятся на нас, — говорит мама. — Ветер будет дуть тебе в ушки, мороз захочет заморозить тебя. Мне-то всё равно, я в шапке. Мне не страшен ни мороз, ни ветер. А вот тебя они либо заморозят, либо прогонят с улицы.

— Не прогонят, — отвечает Серёжа. — Я им как дам!

— Не получится! Они же невидимые! — говорит мама. — Зато от них можно защититься тёплой одеждой.

Шапка, иди к нам, — зовёт мама. — Мы вызываем тебя на борьбу с ветром и морозом!

И вот Серёжа на улице. Ветер дует, мороз напускает стужу, а Серёже не страшно, он тепло одет.

— Не боюсь тебя, мороз! — говорит он. — Не достать тебе, ветер, мои ушки, они надёжно спрятаны под шапкой.

Задания

1. Выбери одежду, которую Серёжа надевает зимой.

2. Найди пару каждой рукавичке.

МАМА И СЕРЁЖА ИГРАЮТ В СНЕЖКИ

Серёжа с мамой гуляют в парке. Вокруг много снега. Впереди дядя расчищает дорожки лопатой.

— Жих-жих! Жих-жих! — доносятся звуки до Серёжи.

Вдоль бордюра — снежные сугробы. Серёжа в одном сугробе постоял, в другом ножками потопал.

— Скрип-скрип! — скрипит снег под Серёжиными сапожками.

На снегу остались Серёжины следы. Посмотрел Серёжа на снег и увидел, что рядом с его следами есть следы птичьих лапок, а ещё — собачки. Вот и мамины следы, они похожи на Серёжины, только больше.

Серёжа решил побегать. Разогнался, а впереди — лёд.

— Осторожно, Серёжа, лёд скользкий!

Поскользнулся Серёжа и упал. Но не плачет: толстый комбинезон защитил Серёжу, и он ударился небольно.

— Запомни: по льду надо идти осторожно, — объясняет мама.

Но, посмотрите, что делает Серёжа! Он ест снег!

— Серёжа, снег грязный, не ешь его, живот заболит! — волнуется мама. Она находит чистый снег, берёт его в руки и показывает Серёже.

— Этот снег чистый, но его тоже нельзя есть, потому что он очень холодный, это вредно для горлышка. Зато ты можешь подержать его в руках, приложить к щёчке. Чувствуешь, какой он холодный? А теперь давай его сожмём и сделаем из него снежный комок, — мама помогает Серёже слепить снежок. — Бросай в меня! — предлагает она.

Серёжа бросает в маму снежок и попадает! А потом мама бросает в Серёжу, но не попадает, потому что он ловко отпрыгивает в сторону.

Маме и Серёже весело. Вот, оказывается, как надо со снегом играть!

Задания

1. Рассмотри картинку и покажи, где Серёжины следы.
2. Где следы птички, собачки, санок, мамины следы?

ВО ЧТО ИГРАЮТ ЗИМОЙ?

Ночью выпало много снега. Папа с Серёжей взяли на улицу санки. Серёжа сел в них, папа потянул за верёвочку, санки поехали. Серёжа едет и улыбается. Ему нравится кататься на санках.

Во дворе есть горка. Мальчики и девочки съезжают с неё. Серёжа тоже решил попробовать. Он немного поднялся вверх по горке, сел на санки и поехал. А папа ловил его внизу.

Потом папа слепил снежок и бросил его в Серёжу. Серёжа тоже слепил снежок и бросил в папу.

Рядом с горкой дети лепят снеговика. Серёжа смотрит, как девочка делает снеговику лицо: нос — морковка, глазки — две короткие палочки, ротик — одна длинная палочка. Мальчик надел на снеговика свою старую шапку. Вот как здорово получилось! Весело зимой на улице!

Серёжа гулял-гулял и замёрз, но домой идти отказывается. Ему хочется остаться на улице.

— Серёжа, пойдём домой, погреемся, а потом опять выйдем, — уговаривает папа. Серёжа соглашается.

Папа и Серёжа возвращаются домой, чтобы покушать и согреться, а потом снова можно будет пойти на улицу.

Задания

1. Найди одинаковые снежинки.
2. От каждой большой снежинки проведи линию к похожей маленькой снежинке.

3. Соедини точки линией и раскрась рисунок.

КТО ТАКОЙ ДЕД МОРОЗ?

На улице зима. Падает снег. Серёжа подставляет ладошку, и на неё ложатся маленькие снежинки. Какие они красивые!

— Скоро наступит Новый год, — говорит мама, — Дед Мороз начнёт развозить детям подарки. Знаешь, кто такой Дед Мороз? — спрашивает она. Серёжа не знает, и тогда мама объясняет.

— Дед Мороз — это дедушка-волшебник, он живёт в стране, где всегда холодно. Он любит мороз и не любит тепло. Поэтому его так и называют: Дед Мороз. Скоро наступит праздник — Новый год. В ночь под Новый год Дед Мороз полетит по небу на волшебных санях. Он возьмёт с собой целый мешок с подарками. Дедушка Мороз очень любит детей и любит их радовать. Он слышит все детские желания. Вот, например, девочка мечтает о кукле — и Дедушка Мороз дарит ей куклу.

— А я мечтаю о большой машине! — говорит Серёжа. — Дед Мороз мне принесёт такую?

— Обязательно принесёт, — отвечает мама.

— А если Дед Мороз придёт к нам домой, как я его узнаю? — спрашивает Серёжа.

— У Деда Мороза длинная белая борода и длинная палка в руках — посох, — объясняет мама. — Дед Мороз приходит к детками в дом и дарит им подарки. Иногда он не успевает прийти днём, тогда он появляется в доме ночью и, пока ребёнок спит, оставляет для него под ёлочкой подарок.

— Когда же он принесёт мне машину? — спрашивает Серёжа. — Я хочу прямо сейчас!

— Прямо сейчас не получится. У нас ещё нет ёлочки, — говорит мама. — Сначала надо ёлочку купить, потом красиво её нарядить.

Тогда Дедушка Мороз, пролетая мимо окон, увидит нашу ёлочку. «Как красиво Серёжа нарядил ёлку! — скажет Дед Мороз. — Надо оставить ему подарок», — рассказывает мама. — Ты утром проснёшься и увидишь под ёлкой машину от Дедушки Мороза.

— Тогда давай скорее ёлочку купим! — просит Серёжа.

— Давай, — соглашается мама.

Задания

1. Найди варежку и посох Деда Мороза.

2. Найди в мешке подарок, который хочет получить Серёжа от Деда Мороза. Раскрась его.

ПРАЗДНИК НОВЫЙ ГОД

Папа принёс домой ёлку и поставил её в углу комнаты. Ёлочка большая, красивая и так хорошо пахнет!

Серёжа подошёл к ней и потрогал.

— Ой! Колется! — говорит он.

— Да, ёлочка колючая, — соглашается мама. — Вместо листочков на её ветках растут иголки.

Мама открывает коробку с ёлочными игрушками. Все вместе — папа, мама и Серёжа — наряжают ёлку. И вот на ёлке красивые шары, дождик, гирлянда.

— Наша ёлочка — красавица! — радуется мама.

— А Деду Морозу она понравится? — спрашивает Серёжа.

— Понравится! — отвечает мама.

— И он принесёт мне машину? — снова спрашивает Серёжа.

— Обязательно принесёт, — подтверждает мама.

Но вот мама ушла на кухню по своим делам, а Серёжа подошёл к окну. Он смотрит в небо: не видать ли там саней с Дедом Морозом?

— Дедушка Мороз, принеси мне, пожалуйста, большую машину, — шепчет Серёжа. — Не перепутай! Я машину хочу!

Но саней не видно, Серёжа вздыхает и отходит от окна. Но что это? Мама зовёт из кухни:

— Серёжа, ты видел: в небе что-то мелькнуло? Может, это Дед Мороз?

Серёжа снова бросается к окну, но тут раздаётся звонок в дверь.

— Может, Дед Мороз уже к нам пришёл? — волнуется мама и спешит открыть дверь.

И правда, за дверью стоит дедушка с длинной белой бородой. У него в руках мешок. И в мешке что-то лежит! Рядом с ним стоит красивая тётя.

— Серёжа, ты узнаешь, кто это? — спрашивает мама.

— Дедушка Мороз! — радостно кричит Серёжа.

— И Снегурочка — его внучка, — добавляет мама.

— Здравствуй, Серёжа! — говорит Дед Мороз. — А знаешь ли ты, какой праздник наступает?

— Знаю, — отвечает Серёжа. — Новый год.

— Правильно, — говорит Дед Мороз. — Под Новый год все дети получают от меня подарки.

— Ура-а-а! — радостно кричит Серёжа.

Дед Мороз вынимает из мешка большую машину — игрушечный грузовик.

— Вот это да! — радуется Серёжа.

Мама говорит:

— Серёжа, Дедушка Мороз порадовал тебя подарком, давай и мы порадуем его песенкой.

— Давай, — соглашается Серёжа и вместе с мамой поёт песню про ёлочку. Дедушка Мороз и Снегурочка подпевают им.

Но вот Деду Морозу и Снегурочке пора уходить к другим деткам. Серёжа прощается с ними и спешит поиграть своей новой машиной. Он сажает в кузов Симбу и мишку и ещё складывает туда кубики. Большой грузовик у Серёжи!

— Ты знаешь, мама, мне очень нравится праздник Новый год! — говорит Серёжа.

Задания

1. Покажи дерево, которое наряжают в новогодний праздник.

2. Помоги Серёже украсить ёлку, раскрась игрушки. Посчитай шары на ёлке.

СЕРЁЖА ЗАБОЛЕЛ

Утром Серёжа проснулся и почувствовал, что у него болит горлышко. Потом он закашлялся и чихнул.

— Ты простудился, — говорит мама и звонит по телефону в больницу, чтобы вызвать врача. Мама называет адрес: название улицы, номер дома и квартиры. Теперь врач знает, где живёт Серёжа, придёт к нему домой, осмотрит и скажет, какие лекарства нужно пить, чтобы выздороветь.

У каждого человека есть свой адрес. Серёжа знает, как называется улица, на которой он живёт, знает номер дома и квартиры. Все люди должны знать свой адрес.

Мама и Серёжа ждут врача и смотрят в окно. А на улице дует ветер, идёт снег. Серёжа видит, как мимо проезжает машина скорой помощи. Её вызывают к тяжелобольным людям. Как же Серёжа догадался, что это — «скорая помощь»? Серёжа знает: «скорая помощь» — белого цвета с красным крестом и мигающими лампочками на крыше.

— Дзынь! — звонок в дверь. Это тётя-врач пришла. На ней белый халат. Врач вынимает из своего чемоданчика термометр и фонендоскоп. Термометр Серёжа кладёт подмышку, чтобы измерить температуру.

Что такое фонендоскоп? Это трубочка, один её конец раздвоенный, врач вставляет себе в уши, второй конец прикладывает к Серёжиной спине. Через трубочку врач услышит, как Серёжа дышит: хрипит он или нет? И решит, нужно ли ему давать лекарство.

Серёжа старается: дышит так, как попросила его врач.

— А теперь мне нужно посмотреть твоё горлышко. Скажи «а-а-а», — просит врач. Серёжа широко открывает рот, врач смотрит — горло красное! Она берёт у Серёжи термометр и видит, что температура высокая.

— Бедный Серёжа, — говорит врач. — От высокой температуры люди плохо себя чувствуют: у них болит голова, нет аппетита и настроения. Ну, ничего, я выпишу лекарства, они помогут тебе выздороветь.

Врач уходит. Мама начинает лечить Серёжу: даёт ему микстуру, брызгает спреем в горлышко, закапывает капли в носик.

Молодец, Серёжа! Он пьёт лекарство, позволяет маме полечить ему горлышко и носик. Лекарства прогонят болезнь, и Серёжа выздоровеет. Снова пойдёт гулять на улицу, будет с папой и мамой снеговика лепить и на санках кататься.

Задания

1. Посмотри на картинку и покажи машину скорой помощи.

2. Расскажи, что принесла с собой врач.

СЕРЁЖА РИСУЕТ

Серёжа любит рисовать. Он берёт альбомный лист и цветные карандаши. У него много карандашей: красный, синий, зелёный, жёлтый, коричневый и оранжевый.

Серёжа рисует машину, которая едет по дороге. На светофоре горит красный свет.

— Стоп, машина! Когда горит красный — ехать нельзя!

Рядом с дорогой Серёжа рисует дом. Мама помогает Серёже рисовать, потому что Серёжа ещё маленький, и у него не всё получается. Вот когда он вырастет, ему мамина помощь не понадобится.

Зазвонил телефон, и мама вышла из комнаты.

Ой, смотрите, что делает Серёжа! Он взял карандаш и рисует на стене!

Разве можно рисовать на стене? Нет! А на столе? Тоже нет.

А на полу? И на полу нельзя рисовать. Где же можно рисовать? На альбомном листе! Серёжа, запомни: рисовать можно только в альбоме и на листках, которые тебе даёт мама!

Пришла мама, увидела разрисованную стену и расстроилась. Теперь её придётся мыть! Мама забрала у Серёжи карандаши и строго сказала ему:

— Я расстроилась, потому что ты разрисовал стену! Теперь у меня плохое настроение и нет времени играть с тобой. Мне нужно помыть стену.

Серёжа тоже расстроился и заплакал. Ему стало жалко маму.

Серёжа, скажи: «Извини, мамочка! Я больше не буду рисовать на стене! Давай я помогу тебе её вытереть».

Серёжа так и сделал: он поцеловал маму и помог ей смыть со стены рисунок. Ну вот, стена снова чистая, и мама довольна. А Серёжа теперь знает, что рисовать можно только на бумаге.

Задания

1. Назови цвета всех карандашей.

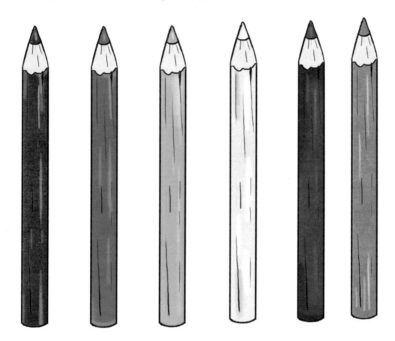

2. Соедини линией овощи и фрукты с карандашом того же цвета.

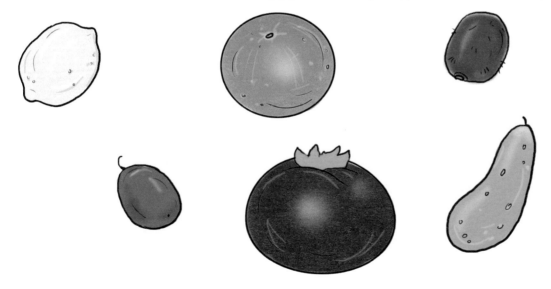

МАМА УБИРАЕТ, СЕРЁЖА ПОМОГАЕТ

Мама убирает. Она взяла тряпочку и вытирает пыль со стола, телевизора и на полочках шкафа. Серёжа тоже хочет вытирать пыль. Мама дала ему тряпочку, и Серёжа трудится.

Теперь надо пропылесосить. Пылесос втягивает в себя пыль и мусор, в комнате становится чисто. Серёжа тоже хочет пылесосить. Сначала пылесосит мама, а потом Серёжа.

Мама моет полы, чтобы они стали чистыми и Серёжа мог ходить по ним босиком. Серёжа помогает маме: он берёт швабру, макает тряпочку в ведро с водой и трёт полы. Мама радуется: «Серёжа, ты мой помощник!»

Теперь нужно разложить по местам вещи.

— Серёжа, на стуле много разной одежды: футболки, штанишки, а под стулом грязные носочки, — говорит мама. — Куда положим штанишки и футболки? В шкаф. Куда положим носочки? Отнесём их в стирку.

Серёжа бросает свои носки в корзину для грязного белья.

— Книжки, карандаши и игрушки тоже разбросаны, — говорит мама. — Куда положим книжки?

— На полку, — отвечает Серёжа и ставит книжки на место. Игрушки он складывает в коробку, карандаши — в ящик стола, Симбу — в кроватку.

Ну вот, теперь в Серёжиной комнате чисто. Пыль вытерли, ковёр пропылесосили, полы помыли, все вещи разложили по местам.

— Спасибо, Серёжа, ты хорошо помог маме!

Задания

1. Помоги маме сложить все вещи в шкаф. Покажи линиями, куда нужно положить одежду.
2. Расскажи, как ты помогаешь маме.

СЕРЁЖА ИСПУГАЛСЯ

У мамы много дел: ей нужно приготовить ужин, помыть посуду, постирать одежду. Поэтому мама ходит из кухни в комнату, из одной комнаты в другую, потом снова на кухню.

Серёжа ходит за мамой следом. Ему интересно смотреть, что мама делает. Но вот мама закончила домашние дела, зашла в ванную комнату и закрыла дверь. Серёжа хотел зайти к маме, но дверь не открылась, и он испугался.

— У-у-у! — плачет Серёжа и стучит в дверь.

— Не плачь, Серёжа, подожди немножко, — просит мама. — Я скоро открою.

Но Серёжа не перестаёт плакать, он хочет видеть маму прямо сейчас. Мама открыла дверь. Серёжа обнял маму и почувствовал, что она мокрая. Серёжина одежда сразу промокла.

— Я принимала душ, — говорит мама. — Ванная комната и туалет — это места, в которых взрослый хочет быть один. Чтобы ему никто не мешал, он запирает дверь на задвижку. Так делают все взрослые, а их детки в это время играют игрушками и ждут, когда мама или папа выйдут.

Почему Серёжа плакал? Потому что он не знал, для чего мама закрылась в ванной. А теперь он знает: мама мылась под душем. Серёжа больше не плачет. Что же тут страшного? Пусть мама искупается. Серёжа и сам любит купаться.

— Я к тебе так спешила, что даже не успела вытереться, — говорит мама. — Теперь я мокрая, и мне холодно. Пожалуйста, поиграй, пока я вытрусь и оденусь, — просит она. — Но для этого мне снова нужно закрыться в ванной.

Серёжа успокоился. Пусть мама идёт в ванную, пусть закрывает дверь на задвижку. Теперь он знает, что мама никуда не денется, она скоро вернётся к нему. Серёжа берёт книжку и рассматривает картинки.

— Мама, ты скоро придёшь? — спрашивает он.

— Скоро, — отвечает мама из-за двери. — Уже одеваюсь!

— Хорошо, — кричит ей Серёжа и продолжает рассматривать картинки.

А вот и мама! Она искупалась, вытерлась и оделась. Мама улыбается, она довольна тем, что Серёжа не плакал, не кричал и не мешал ей мыться.

— Молодец, Серёжа! — хвалит мама.

Вечером папа вернулся с работы, и мама ему сказала:

— Ты заметил, что наш Серёжа ведёт себя как большой? Теперь я могу закрыться в туалете или в ванной, а Серёжа не боится: он не плачет, не кричит, он играет и ждёт меня.

Мама и папа довольны, и Серёжа тоже рад. Теперь он знает: только маленькие детки плачут под дверью. А Серёжа не маленький, он отпускает маму в ванную!

Задания

1. Рассмотри картинку и назови все нарисованные предметы.
2. Расскажи, что из нарисованного есть в твоей комнате.

НА УЛИЦЕ ДОЖДЬ

Серёжа хотел пойти на улицу, но там дождь, и ему пришлось остаться дома. Серёжа сидит на подоконнике и смотрит, как по стеклу катятся капли дождя.

— Кап-кап, кап-кап! — стучит дождик.

— Ш-ш-ш! — шумит ветер и качает деревья.

Серёжа смотрит вниз и видит лужи на асфальте. Люди перепрыгивают через них и закрываются от дождя зонтами. Как много разноцветных зонтиков на улице!

И вдруг: ба-бах! Это гром прогремел. Сверкнула молния.

Да, в такую погоду на улице не погуляешь! Что же Серёжа будет делать дома? Он будет играть с игрушками, песни петь, книжки читать и лепить из пластилина. А ещё он будет рисовать и мультики по телевизору смотреть. Вот как много дел у Серёжи! Ему некогда скучать.

Задания

1. Раскрась зонтики, чтобы защитить людей от дождя.

2. Покажи самый большой зонтик.
3. Назови, какого цвета самый маленький зонтик.

СЕРЁЖА РИСУЕТ КРАСКАМИ

На улице снова дождь, и Серёжа опять остался дома.

— Серёжа, давай порисуем красками, — предлагает папа.

Он кладёт перед Серёжей альбомный лист, выставляет на стол разноцветные баночки с красками.

— Что мы будем рисовать? — спрашивает папа.

— Дождик, — отвечает Серёжа.

Он выбирает синюю краску, чтобы нарисовать большую тёмную тучу. Папа даёт Серёже кисточку и ставит перед ним стакан с водой.

— Сначала нужно макнуть кисточку в воду, потом в краску, — объясняет он. Серёжа так и делает: он опускает кисточку в стакан с водой, потом в синюю краску.

Посмотри, какая туча получилась у Серёжи!

Теперь Серёжа рисует дождик. Кап-кап, кап-кап, — на альбомном листе появляются нарисованные капли дождя.

Серёжа снова макает кисточку в стакан с водой и водичка в стакане становится голубой. Это краска с кисточки попала в воду и окрасила её. Теперь кисточка стала чистой. Серёжа макает её в зелёную краску, чтобы нарисовать травку.

— Раз полосочка, два полосочка, три полосочка. Получилась травка!

Серёжа снова моет кисточку в стакане с водой. Теперь вода кажется серой и грязной. А кисточка снова чистая!

Рисунок готов. Теперь он должен полежать на столе, чтобы просохнуть. А Серёжа пока идёт мыть руки и выливать грязную воду из стакана.

Ну, вот — ручки чистые, стакан тоже. Папа уже вытер разноцветные пятна на столе. Везде чисто, а рисунок подсох. Серёжа взял его в руки и любуется.

— Давай повесим его на стену, — предлагает папа. — Мама вернётся домой, увидит рисунок и обрадуется!

Задания

1. Помоги Серёже, дорисуй карандашом дождик.

2. Назови цвет каждой кляксы. Расскажи, на что они похожи.

СЕРЁЖА УСНУЛ

Серёжа вернулся с прогулки очень уставшим. В парке он много ходил и бегал за мячиком, возил за собой грузовик на верёвочке, играл с другими детками.

А потом пришло время обедать. Серёжа сел на свой стульчик, и, пока мама наливала в тарелку суп, его глазки закрылись.

Мама повернулась к Серёже, хотела дать ему ложку, смотрит — а Серёжа уже спит. Заснул прямо на стульчике и суп не съел. Вот как Серёжа устал!

Мама взяла его на ручки и отнесла в кроватку.

— Спи, Серёженька, когда проснёшься, тогда и поешь!

Задания

1. Зачеркни лишний предмет.
2. Расскажи, в какие игры можно играть с нарисованными игрушками.

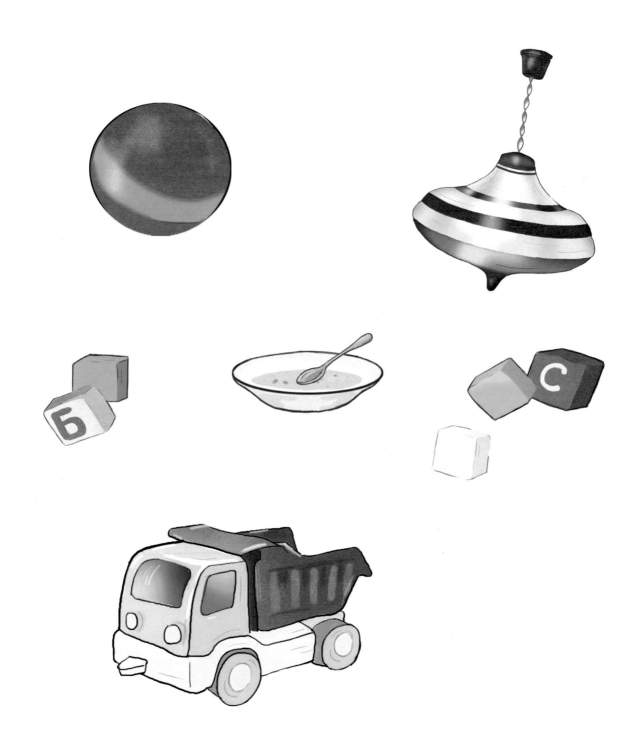

55

МОКРЫЕ ШТАНИШКИ

Серёжа играет с поездом.

— Ту-ту! — мчится поезд, заезжает в туннель, поднимается на горку и съезжает с неё.

— Тук-тук-тук! — стучат колёса.

Вот поезд подъезжает к станции. Двери вагона открываются, из них выходят люди и идут по своим делам. Другие люди, наоборот, заходят в поезд, чтобы отправиться в путь.

Серёжа хочет пи́сать. Но ему так интересно, что он не идёт в туалет, а продолжает играть в поезд.

— Чух-чух! Ту-ту! — это поезд снова заехал на горку.

Ой, как пи́сать хочется! Но Серёжа не бежит на горшок, он берёт кубики и ставит их вдоль дороги. Будто это дома, мимо которых проезжает поезд. И вдруг — что это? Серёжины штанишки стали мокрыми! Он описался.

— Мама! — зовёт Серёжа.

В мокрых штанишках неудобно играть, они холодные и прилипают к ножкам. Мама надевает на Серёжу другие штанишки, сухие.

— Серёжа, когда захочешь пи́сать, нужно сразу пойти на горшок или в туалет, а то описаешься, — говорит мама.

Задания

1. Какой поезд самый длинный?
2. Посчитай, сколько в нём вагонов.
3. Назови, сколько вагонов в самом маленьком поезде и какого цвета этот поезд.

4. Соедини точки линией и помоги Серёже закончить рисунок и раскрасить его.

ВОЗДУШНЫЙ ШАРИК

Мама, папа и Серёжа гуляют в парке. Тётя-продавец продаёт воздушные шары.

— Ого, как много шариков! И все разноцветные: красные, жёлтые, синие, зелёные.

Серёжа любуется шарами.

— Давай купим? — предлагает он папе.

— Выбирай, какого цвета ты хочешь шарик? — говорит продавец.

Серёжа показывает на синий.

Папа заплатил продавцу денежки и вложил в Серёжину руку верёвочку шарика. Серёжа рад.

Когда дует ветер, шарик рвётся вверх, тянет за верёвочку, хочет улететь. Но вот ветер стих. Шар перестал вырываться, повис на верёвочке. Теперь Серёжа дёргает за верёвочку нарочно. Дёрнет вверх — и шарик летит вверх, в сторону — и шарик летит в сторону.

Вдруг подул сильный ветер. Серёжа не удержал верёвочку в руках, шарик вырвался и полетел вверх. Серёжа хотел заплакать, но мама сказала:

— Как интересно наблюдать за шариком! Смотри-смотри, как высоко он полетел. Ух ты!

Серёжа поднял голову и смотрит, как шарик летит. И правда, интересно!

Задания

1. Посмотри на картинку и найди, какого цвета шарик у Серёжи.
2. Скажи, кто держит красный шар.

3. Раскрась шарик в цвет контура.
4. Назови цвета всех шариков.

59

Я САМ

Серёжа рос, рос и стал немножко взрослее. Раньше мама несла его по ступенькам на ручках, а теперь Серёжа САМ поднимается и САМ спускается. Когда-то мама кормила его с ложечки, а теперь Серёжа САМ умеет держать ложку в руках. Он САМ снимает с себя курточку и САМ надевает ботиночки. Вот сколько всего Серёжа умеет делать САМ!

Мама и папа радуются. Маме было тяжело носить Серёжу на ручках, а теперь этого делать не надо — Серёжа идёт САМ. Он даже САМ несёт свой рюкзачок с игрушками.

Но мама никак не может привыкнуть к тому, что Серёжа уже большой. Однажды во время обеда она по старой привычке поднесла ему ложку ко рту.

— Я сам! — воскликнул Серёжа и забрал у мамы ложку.

На Серёже надет нагрудник, поэтому еда, которая падает из ложки, не пачкает одежду.

Серёжа САМ пользуется салфеткой. Он вытирает ротик и ручки.

После еды мама хотела одеть Серёжу на улицу. Она снова забыла, что Серёжа умеет одеваться САМ! Но Серёжа ей напомнил.

— Я сам! — сказал он и надел сандалики.

Но почему мама смеётся? А потому, что у Серёжи сандалики надеты неправильно. Правый сандалик оказался на левой ноге, а левый — на правой.

— Серёжа, носы сандаликов должны смотреть друг на дружку. А у тебя они смотрят в разные стороны, — объясняет мама.

— Давай я помогу тебе обуться правильно, — предлагает она и показывает Серёже, как отличить правый сандалик от левого.

— У человека есть правая сторона и левая сторона, — говорит мама. — На правой находятся правая нога и правая рука, — мама поднимает вверх Серёжину правую руку и дотрагивается до его правой ноги. — В правой руке мы держим ложку, когда едим. А вот левая сторона, здесь левая рука и левая нога.

— Смотри, Серёжа, у тебя на левой руке есть родинка, — говорит мама. — Если забудешь, где левая рука, увидишь родинку и вспомнишь!

Задания

1. Рассмотри рисунок. Расскажи, кто едет направо, а кто налево.
2. Назови, какой транспорт ездит по земле, какой летает по воздуху, а какой плывёт по воде.
3. Что ты любишь рисовать?

61

СЕРЁЖА В ПЕСОЧНИЦЕ

Серёжа играет в песочнице. Он принёс с собой ведёрко и лопатку. А ещё у него есть формочки и машинка. Серёжа берёт в руку песок и наблюдает, как тот сыплется между пальчиками. Оп! — ладошка снова пустая. Весь песочек из неё убежал.

Мама полила песок водой из бутылки, и он стал мокрым. Теперь его можно набивать в формочки и лепить куличи.

— Что у нас получилось? — спрашивает мама.

— Машинка, — отвечает Серёжа.

Он берёт лопатку и копает ямку. Набирает полное ведро песку, а потом опрокидывает его и высыпает весь песок.

Мама лопаткой прокладывает дорожку на песке. Серёжа берёт свою машинку и возит её по дороге: брум-брум! бип-бип!

В песочнице играет девочка. Она взяла Серёжины ведёрко и лопатку.

— Моё! — говорит Серёжа. — Отдай! — и тянет ведёрко на себя.

Девочка плачет, она хочет играть Серёжиными игрушками.

Тогда мама говорит Серёже:

— Пока ты играешь машинкой, дай девочке поиграть ведёрком и лопаткой. А потом она тебе их вернёт.

Серёжа думал, что девочка хочет забрать его игрушки навсегда и унести к себе домой. Но если она чуть-чуть поиграет его ведёрком здесь, в песочнице, и потом отдаст Серёже, тогда пусть берёт!

— На! — говорит Серёжа и протягивает девочке ведёрко и лопатку. Девочка перестаёт плакать, теперь она улыбается.

— Молодец, Серёжа, — хвалит мама. — Ты порадовал девочку. Посмотри, она улыбается. И я улыбаюсь, и мама девочки. Нам всем приятно, что ты поделился.

— Брум-брум! — Серёжина машинка ездит по песочной дороге. А девочка насыпает песок в ведёрко. Хорошо, когда дети играют дружно!

Задания

1. Покажи на рисунке, что Серёжа взял с собой в песочницу.

2. Найди, какой формочкой играл Серёжа. Соедини их линиями.

СЕРЁЖА КАТАЕТСЯ НА КАРУСЕЛИ

Мама привела Серёжу в парк аттракционов. Серёжа хочет покататься на карусели. На ней много разноцветных лошадок, и все они под музыку бегут по кругу.

Серёжа выбрал белую лошадку. Он едет и улыбается. Ну вот, музыка закончилась, и карусель остановилась. Мама покупает билетик на другой аттракцион. Серёжа будет кататься на поезде.

— Серёжа, держи билет. Отдашь его тёте, и она пропустит тебя в поезд, — говорит мама.

В вагончиках уже сидят дети. Серёжа занимает место у окна.

— Внимание, поезд отправляется! — объявляет тётя.

Чух-чух-чух, — это поезд едет по железной дороге. Он возит детей по кругу. Каждый раз, проезжая мимо мамы, Серёжа весело машет ей рукой. Но вот поезд остановился.

— Мама, ещё хочу кататься! — говорит Серёжа.

— Посмотри, справа, вертолёты. Пойдём туда? — предлагает мама. Серёжа соглашается. Он садится в вертолёт и нажимает на кнопочку. Вертолёт поднимается вверх — теперь Серёжа выше мамы!

— Приземляйся, я тебя жду! — кричит мама и посылает Серёже воздушный поцелуй. Вертолёт возвращается на землю.

— Мама, я вернулся! — сообщает Серёжа.

— Какой ты у меня смелый! — говорит мама. — Летал на вертолёте, не боялся высоко подниматься.

Серёжа проголодался и устал. Значит, пора возвращаться домой.

— Мы ещё сюда придём? — спрашивает Серёжа.

— Конечно, придём, — отвечает мама.

Задания

1. Найди двух лошадок с одинаковыми сёдлами.

2. Мамы привели в парк своих деток:
— назови всех взрослых животных;
— найди их детёнышей и назови их.

СЕРЁЖА КОРМИТ ГОЛУБЕЙ

Папа и Серёжа собираются на прогулку в парк.

— Возьмём с собой хлеб, покормим голубей, — говорит папа и кладёт в пакет кусочек хлеба.

В парке, увидев голубей, Серёжа бросает им хлебные крошки. Голуби начинают жадно клевать. К Серёже слетаются и другие голуби, и воробьи. Теперь вокруг него много птиц. Серёжа старается накормить всех.

Ну вот, пакет опустел, голуби сыты. Прогулка продолжается. Серёжа хочет покататься на качелях. Но они все заняты, там уже катаются дети.

— Надо подождать, — говорит папа.

Серёжа ждёт, смотрит то на папу, то на качели. Но вот одна девочка накаталась и ушла играть в песочницу, а Серёжа сел на качели.

Ой-да! Ой-да! — хорошо кататься вверх-вниз, вверх-вниз!

Но кто так громко кричит? Серёжа оглядывается по сторонам. Это та девочка, которая каталась на качелях. Она трёт глаза и громко плачет. Что с ней случилось? Мальчик бросал песок и попал ей в глаза. Теперь песок режет глазки, и девочка не может их открыть. Она испугалась.

— Нельзя бросать песок вверх, — объясняет её мама мальчику. — Он попадает в глаза. Это очень неприятно!

Как помочь девочке? Нужно промыть глазки водой. Мама девочки умывает свою дочку. Ну, вот и всё, теперь песка в глазах нет, и девочка больше не плачет.

Задания

1. Помоги Серёже найти всех голубей и накормить их, для этого раскрась всех птичек на рисунке.
2. Расскажи, где спрятался каждый голубь.

СЕРЁЖА, НЕ ПОТЕРЯЙСЯ!

Раньше Серёжа был совсем маленьким и не умел ходить. Потом подрос и научился ходить медленно. Теперь Серёжа ещё больше подрос и научился ходить быстро, даже бегать.

Сегодня мама и папа прогуливаются с Серёжей в парке. Серёжа быстро бежит вперёд, но дорога неровная, он спотыкается и падает.

— А-а-а! — кричит Серёжа, он ушиб коленку, и ему больно.

Папа подходит к Серёже и обнимает его.

— Покажи, где ударился, — просит он. Серёжа показывает коленку.

— Хорошо, что ранки нет, не плачь! Погладь коленку и скажи: «Ничего страшного. Скоро пройдёт». Так делают все мужчины, — объясняет папа.

Но Серёжа плачет, потому что он ещё маленький мальчик. А когда он вырастет, научится не плакать, и будет как папа.

Папа целует своего сыночка, и Серёжа бежит дальше по дорожке.

В парке много людей. Серёжа убежал вперёд, а мама и папа остались позади.

— Серёжа, ты где? — зовёт мама. Она волнуется, потому что Серёжу не видно среди высоких взрослых людей.

Серёжа остановился, оглянулся, но тоже не увидел ни мамы, ни папы. Вокруг только незнакомые тёти и дяди. Испугался Серёжа и как закричит:

— Мама!

Папа с мамой услышали Серёжин голос и поспешили ему навстречу. Вот он, Серёжа! Мама взяла его на ручки.

— Испугался? Мы с папой уже рядом, — успокаивает мама. — Серёжа, ты не должен убегать от нас далеко, а то потеряешься! — говорит она уже строгим голосом. — Один мальчик так далеко убежал, что потерялся. Пришлось звать на помощь дядю-полицейского. Хорошо, что этот мальчик назвал своё имя, фамилию и адрес. Полицейский привёл его домой к маме и папе. И ты, Серёжа, должен знать свою фамилию и свой адрес, — объясняет мама.

— Как называется улица, на которой находится твой дом? Назови номер своего дома и квартиры. А ты знаешь, на каком этаже живёшь? Назови свои имя и фамилию, — просит папа.

Серёжа отвечает на все мамины вопросы.

Молодец, Серёжа, знаешь свои фамилию и адрес!

Задания

1. Отведи Серёжу и его родителей домой.
2. Закрась нужный путь синим цветом.
3. А ты знаешь свои фамилию и адрес? Назови их.

СЕРЁЖИНА КОМНАТА

Это Серёжина комната. **На** окне висит штора, она жёлтого цвета, на ней нарисованы кораблики.

Это Серёжина кроватка. Она мягкая и удобная. А **под** кроваткой — мячик. Серёжа его там забыл.

Это шкаф, **в** шкафу одежда. **Рядом с ним** стоит стол, **за** столом — стул.

На столе лежат цветные карандаши: красный, зелёный, коричневый, синий. А **под** столом лежит Симба. Наверное, он сидел на стуле и упал.

На стене висят картины. На одной нарисован Винни-Пух, а на другой — зайчик.

Возле кроватки тумбочка. **На** ней ночник. Когда Серёжа ложится спать, мама выключает верхний яркий свет и включает ночник, чтобы свет не мешал Серёже засыпать.

На полу стоит большая коробка с игрушками, а **в** ней кораблик, поезд и кубики.

Над кроватью на стене висят полки. **На** полках стоят книги. Серёжа любит, когда мама или папа читают ему.

Вот какая удобная и красивая комната у Серёжи!

Задание

Скажи, что находится **рядом** с коробкой

... **перед** коробкой

... **за** коробкой

... **в** коробке

... **под** коробкой

В МАГАЗИНЕ

— Серёжа, нам надо сходить в магазин, — говорит мама, — мы съели весь хлеб и выпили всё молоко. — Пойдём, поможешь мне покупки делать.

Серёжа соглашается. Он любит хлеб. А на молоке мама варит его любимую кашу.

И вот, мама и Серёжа в магазине. Мама берёт тележку для продуктов и усаживает в неё Серёжу. Но Серёжа не хочет сидеть в тележке, он хочет её толкать.

— Договорились, я буду складывать в тележку продукты, а ты будешь их везти, — говорит мама.

Мама проходит вдоль магазинных полок, Серёжа с тележкой идёт за ней. Мама складывает в тележку разные продукты: хлеб, молоко, капусту, бананы, сок. Тележка наполнилась и стала тяжёлой. Серёжа толкает её изо всех сил, но она еле едет. Тогда мама предлагает:

— Серёжа, садись в тележку, теперь я буду тебя везти.

Из тележки Серёже хорошо видно, что лежит на полках.

— Мама, стой! Вот моё любимое печенье! Чуть не забыли его купить. Хорошо, что я его заметил.

Мама кладёт в тележку пачку печенья. Серёжа берёт её в руки и хочет открыть, чтобы полакомиться прямо здесь, в магазине.

Но мама останавливает его.

— Серёжа, в магазине так делать нельзя. Сначала нужно заплатить деньги, и только потом можно открыть коробку.

— А что будет, если мы откроем коробочку прямо сейчас? — спрашивает Серёжа.

— К нам подойдёт продавец и скажет, что нельзя есть печенье, потому что мы его ещё не купили. Ай-яй-яй, как неприятно будет! — говорит мама. — Продавцы следят за порядком: чтобы с полок не падали коробки и банки, чтобы никто не хулиганил и чтобы люди платили за свои покупки.

— Тогда давай скорее заплатим, — предлагает Серёжа.

Мама везёт тележку к кассе. Касса — это место в магазине, где сидит кассир. Он принимает деньги за продукты и выдаёт пакеты, куда можно сложить покупки, если у вас нет с собой сумки.

Ну вот, за покупки расплатились, продукты сложены. Теперь можно открыть печенье. Мама открыла коробочку и дала её Серёже.

— Ты хорошо вёл себя в магазине, помог мне сделать покупки. Это твоя награда, — говорит мама.

— М-м-м! Вкусно! — радуется Серёжа.

Задания

1. Зачеркни лишний предмет.
2. Назови место в магазине, где платят деньги за купленные продукты.

МАМА ГОТОВИТ ОБЕД

Мама и Серёжа на кухне. Нужно сварить суп. Мама налила в кастрюлю воды и включила плиту.

— Детям нельзя трогать плиту, — предупреждает мама. — Это опасно!

Серёжа смотрит, как под кастрюлей светится голубой огонёк. Так горит газ. Он нагревает воду в кастрюле. В горячей воде варятся мясо и овощи, получается суп.

Мама берёт лук, морковку, картошку, режет их ножом и бросает в кастрюлю. Серёжа тоже захотел резать овощи, но мама сказала, что нож очень острый, и, чтобы не порезаться, маленьким детям нельзя его трогать.

— Когда ты подрастёшь, Серёжа, я научу тебя пользоваться ножом, — обещает мама и включает духовку. — Кроме супа, у нас будет ещё и пирог, — говорит она.

У-у-у! — гудит миксер. Мама выкладывает тесто в форму для выпечки и ставит её в духовку. Через стеклянную дверцу духовки Серёжа видит, как печётся пирог.

— М-м-м, как вкусно пахнет! Мама, я уже голодный! — восклицает он.

— Потерпи, скоро будем обедать, — отвечает мама и пробует суп. — Готов! — сообщает она и наливает большой ложкой-поварёшкой суп в Серёжину тарелку. Суп горячий, от него идёт пар.

— Придётся подождать, пока остынет, — говорит мама.

Серёжа очень голоден, он с нетерпением ждёт, когда же можно будет начать кушать. Пока мама даёт ему хлеб. Ну, вот и суп остыл.

— М-м-м, очень вкусно!

А вот и пирог готов! Мама вынимает его из духовки, посыпает сверху сахарной пудрой.

— Спасибо, мамочка, ты самая лучшая! — говорит Серёжа.

Задания

1. Обведи карандашом те овощи, из которых мама сварила суп.
2. Вспомни, что нужно сказать папе и маме после еды.

СПРЯЧЬ МЕНЯ, А ПОТОМ ИЩИ!

Серёжа любит играть в прятки. Он закрывает ладошками глазки и кричит:

— Ку-ку!

— Ку-ку! — отвечает мама и заглядывает Серёже в лицо. Мама и Серёжа смеются, им весело.

Мама прячется за кресло.

— Ку-ку! — кричит она оттуда. Серёжа находит маму и смеётся.

Теперь Серёжина очередь прятаться. Мама отодвигает занавеску и предлагает:

— Прячься сюда.

За занавеской Серёжу не видно. Мама ходит по комнате и громко спрашивает: «Где Серёжа? Куда же он спрятался?» Потом отодвигает занавеску и говорит: «Вот он, Серёжа!»

Серёжа смеётся.

— Ещё хочу! — говорит он.

— Спрячься сам, — предлагает мама.

— Нет, ты сама спрячь меня за занавеску, а потом ищи, — требует Серёжа.

— Ну, если я тебя спрячу, — говорит мама, — я же буду знать, где ты. Лучше спрячься сам и кричи «ку-ку», а я по голосу тебя найду.

— Нет, я так не хочу! Ты сама спрячь меня за занавеску, — просит Серёжа.

Мама соглашается, ставит Серёжу к окну и завешивает занавеской.

— Ку-ку! Где же ты, Серёжа? А, вот ты где! — мама снова нашла Серёжу. Он весело смеётся.

А теперь мама спряталась. Где же она? И почему шевелится занавеска? Серёжа отодвигает её. Кто там? Там мама!

Задание

Найди пять отличий.

МАМА СПИТ

Серёжа и папа играют вместе. Папа построил для Серёжиной машины дорогу. Брум-брум! Бип-бип! — едет машина и сигналит.

— А где же мама? — спрашивает Серёжа.

— Мама очень устала и спит, — отвечает папа.

Серёжа удивлён: он не знал, что мама тоже может устать. Обычно днём спит Серёжа, а мама всегда чем-нибудь занята.

Серёжа немедленно бежит в мамину комнату, посмотреть, как мама спит. Он открывает дверь и видит, что в комнате зашторены окна, мама лежит в кровати с закрытыми глазами. А вот и папа! Он берёт Серёжу за руку и прикладывает палец ко рту: «Ш-ш-ш!» Папа уводит Серёжу в другую комнату и закрывает дверь в мамину спальню.

— Не надо туда ходить, поиграем тихонько, чтобы не разбудить маму.

Серёжа играет кубиками, а папа читает газету.

А вот и мама проснулась! Серёжа бежит к ней и обнимает её. Он уже соскучился.

— Спасибо, что играл тихо, — говорит мама. — Я выспалась.

Папа и мама улыбаются, Серёжа тоже рад.

Задание

Назови и зачеркни игрушки, которые могут издавать громкие звуки и разбудить маму.

79

МУХА

Серёжа листает книжку. Рядом Симба.

— Видишь, Симба, это поезд. А вот это самолёт, — объясняет Серёжа. Вдруг в открытое окно влетает большая муха и начинает кружить над Серёжей.

— Ж-ж-ж! — жужжит муха.

— А-а-а! — кричит Серёжа. — Мама!

В комнату вбегает мама. Она взволнована, ведь Серёжа кричал очень громко.

— Что случилось, Серёжа? — спрашивает она.

Серёжа спрятался под стол и оттуда показывает пальцем на муху.

— Да это же просто муха! — говорит мама и смеётся.

— Она большая! — жалуется Серёжа.

— Да какая же она большая? — удивляется мама. — Ты встань и посмотри, кто больше — ты или муха?

— Я! — отвечает Серёжа, теперь он улыбается.

— Ты по сравнению с мухой — гора. Если ты наступишь на неё, то раздавишь. А муха ничего плохого тебе не сделает, только пощекотать может, — объясняет мама.

— Не хочу, чтобы муха была в моей комнате! — хмурится Серёжа.

— Муха тоже не хочет здесь быть. Она была на улице и нечаянно залетела в твоё окно. Теперь не может отсюда

выбраться, не знает, где выход. Сейчас мы ей поможем, — говорит мама. Она открывает окно пошире, берёт полотенце и даёт ещё одно Серёже. Мама и Серёжа машут полотенцами, отгоняя муху к окну. Муха испугалась и вылетела.

Всё, нет больше мухи в Серёжиной комнате! А Серёжа больше мух не боится, теперь он знает, как с ними справиться.

Задания

1. Помоги Серёже и его маме выгнать муху. Проведи карандашом её путь к окну.

2. Обведи карандашом того, кто умеет летать.

БОЛЬШОЙ И МАЛЕНЬКИЙ

Серёжа играет. Перед ним фигурки животных: большой медведь, поменьше — кабан, ещё меньше — зайчик и самый маленький — ёжик.

Серёжа строит из кубиков домики для них. Но в маленький домик ёжика не помещается большой медведь. Серёжа рассердился и сломал домик. Тогда мама, чтобы успокоить его, придумывает сказку.

«Однажды ёжик решил построить домик и пригласить туда своих друзей.

— Приходите ко мне, друзья, чаю попьём! — сказал он.

Звери обрадовались. Первым в гости к ёжику пришёл медведь. Посмотрел на домик и вздохнул:

— Я в твой дом не помещусь. Он маленький, а я большой.

Тут и кабан с зайчиком подошли. Кабан меньше медведя, но тоже не поместился в домик. Только зайчик с трудом смог пройти через маленькую дверцу. Расстроился ёжик, расстроились его друзья. Тогда медведь говорит:

— Мы в твой домик не поместились, потому что ты самый маленький из нас, и дом твой тоже маленький. Придётся и нам себе дома построить».

— Посмотри, что у них получилось, — говорит мама. — Это дом медведя. Он самый большой, потому что медведь тоже самый большой. Это дом кабана. Он меньше, чем у медведя, но больше, чем у зайчика и ёжика. Домик зайчика меньше домов медведя и кабана, но больше, чем у ёжика. А у ёжика домик самый маленький. У него в гостях тесно. Зато в дом к медведю могут прийти все его друзья. Потому что его дом самый большой.

Задания

1. Посмотри на картинку и расскажи, каких зверей ты видишь.
2. Покажи, кто из них самый большой, кто меньше, а кто самый маленький.
3. Соедини линией животное и его домик.

В ГОСТЯХ У БАБУШКИ И ДЕДУШКИ

Серёжа с мамой приехали в гости к бабушке и дедушке. Бабушка и дедушка обрадовались, обняли и поцеловали Серёжу.

— Привет, мой внучок! Я по тебе скучала, — говорит бабушка.

— И я скучал, — говорит дедушка и показывает Серёже подарок, который они с бабушкой купили для него. Это машина. Серёжа сразу стал играть.

Бабушка и дедушка расспрашивают Серёжу, что он сегодня делал, куда ходил. Серёжа рассказывает и вдруг замечает книжку с интересными сказками. Бабушка прочитала ему одну сказку.

Вскоре все захотели попить чаю. Бабушка поставила на стол чашки и чайник. Они с мамой пьют чай и разговаривают. Но что делает Серёжа? Он не даёт маме и бабушке разговаривать. Он громко кричит:

— Мама, смотри, как моя машина едет! Бабушка, встань со стула, тут моя машина ехать будет!

Бабушка говорит:

— Серёжа, тут машина ехать не может, тут я сижу. Посмотри, как много места вокруг. Пусть твоя машина там ездит.

— Серёжа, не мешай, пожалуйста, нам с бабушкой разговаривать, — просит мама. Но Серёжа всё равно им мешает. Тогда бабушка говорит:

— Вспомни, Серёжа, когда я читала тебе сказку, разве нам кто-нибудь мешал? Нет. Мама и дедушка не перебивали меня, они терпеливо ждали, пока я дочитаю до конца. Вот и ты теперь подожди, пока мы закончим с твоей мамой говорить. Хорошо?

— Хорошо, — соглашается Серёжа и старается делать так, как просят его бабушка и мама. Ведь он не хочет их обидеть. Серёжа любит маму и бабушку, и потому он не будет шуметь и перебивать их.

— Молодец, Серёжа, спасибо, что подождал! Мы с мамой закончили разговор, и теперь я могу поиграть с тобой, — говорит бабушка.

Задания

1. Посчитай, сколько всего чашек на рисунке.
2. Посчитай, сколько тарелок на столе.

3. Раскрась две тарелки красным цветом, а ещё две — жёлтым цветом.

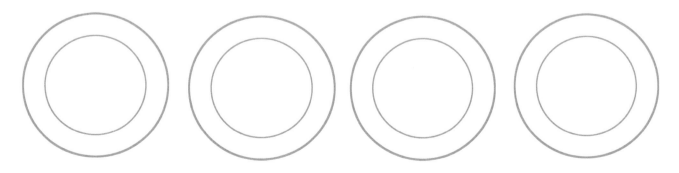

СЕРЁЖА РАЗГОВАРИВАЕТ ПО ТЕЛЕФОНУ

Дзынь! Это звонит телефон. Мама берёт трубку и говорит: «Алло!»

— Это бабушка, — сообщает мама Серёже. — На, поговори с ней.

— Привет, Серёжа, как дела? — спрашивает бабушка.

— Привет. Хорошо, — отвечает Серёжа. — А у тебя как дела?

— У меня тоже хорошо, — отвечает бабушка. — А что ты сейчас делаешь?

— Я играю: строю дом, а потом ломаю его экскаватором, — рассказывает Серёжа. Он подносит телефонную трубку к своим игрушкам и говорит: — Вот, смотри! — наезжает экскаватором на дом, тот ломается и падает.

— Видела? — спрашивает Серёжа у бабушки.

— Серёжа, через телефон ничего не видно, только слышно, — объясняет бабушка. А мама смеётся, и бабушке смешно.

— Ты говоришь с бабушкой, разве ты её видишь? — спрашивает мама.

Серёжа качает головой:

— Нет, не вижу.

— Вот и бабушка тоже не видит ни тебя, ни твои игрушки, — объясняет мама.

— Жалко! — вздыхает Серёжа.

— Если ты хочешь говорить с бабушкой и видеть её, тогда мы можем позвонить ей через компьютер по скайпу.

Мама включает компьютер и звонит бабушке.

Ура! Серёжа видит бабушку и показывает ей, как экскаватор ломает дом.

Задание

Найди, кто звонит Серёже по телефону.

СЕРЁЖА ЛЕПИТ ИЗ ПЛАСТИЛИНА

Серёжа играет дома. Надоело ему играть одному.

— Мама, поиграй со мной! — просит он.

— Хорошо, — соглашается мама и достаёт из ящика стола пластилин. — Сейчас мы будем лепить, — говорит она.

Серёжа взял в руки пластилин. Он холодный и твёрдый.

— Кусочек пластилина нужно потереть между ладошками, — объясняет мама. — Тогда он нагреется и станет мягче.

Серёжа трёт кусочек жёлтого пластилина. Теперь, когда он стал тёплым и мягким, Серёжа катает его в ладошках. Получается шар.

— Давай это будет яблочко, — предлагает мама, делает в шарике углубление и прикрепляет зелёный листик, тоже сделанный из пластилина.

Теперь у Серёжи есть жёлтое пластилиновое яблоко.

Он хочет ещё лепить. Берёт в руки кусочек оранжевого пластилина, трёт его между ладошками. Из пластилина получается продолговатая колбаска. Мама придаёт ей форму морковки и специальной палочкой делает на ней полосочки.

— У нас получилась морковка, — говорит она.

— Ням-ням! — Серёжа понарошку ест морковку и яблочко. Потом так же, понарошку, кормит Симбу.

— Что ещё будем лепить? — спрашивает мама.

— Давай вылепим Симбу, — предлагает Серёжа.

Мама разогревает в ладонях коричневый пластилин,

из шарика делает голову львёнка. Серёжа приделывает к голове ушки. Мама лепит туловище и лапки. А Серёжа раскатал длинную колбаску и получился хвостик.

— Вот какой симпатичный Симба вышел у нас! — говорит мама и усаживает маленького пластилинового Симбу возле большого плюшевого.

— Они подружатся? — спрашивает Серёжа.
— Конечно, подружатся! — отвечает мама.

Задания

1. Обведи в кружок то, что слепил Серёжа из пластилина.
2. Соедини линией пластилиновую фигурку с кусочком пластилина, из которого она была сделана.

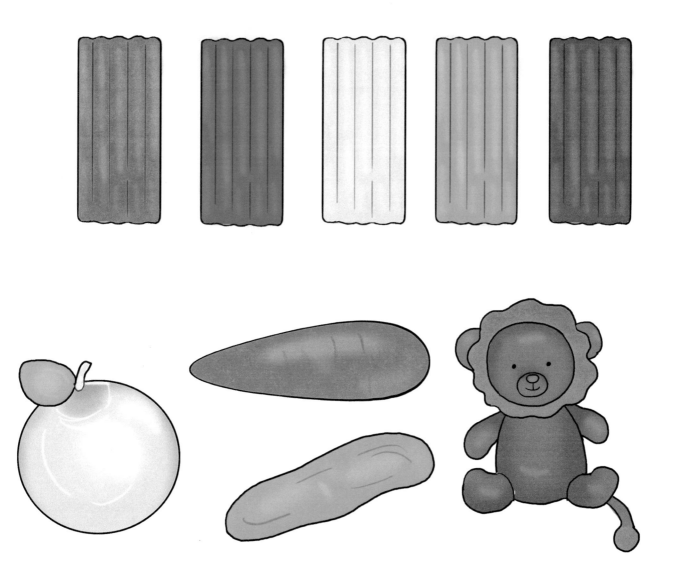

СЕРЁЖА И КОТЁНОК

Как-то раз Серёжа пришёл к бабушке в гости и увидел у неё котёнка. Серёжа удивился.

— Бабушка, откуда у тебя котёнок? — спрашивает он.

— Я нашла его на улице. У него нет хозяина, и мне стало его жалко. Он, наверное, голодный и хочет жить в тепле, — объясняет бабушка. — Сейчас будем его купать. Посмотри, какой он грязный!

Бабушка налила в тазик тёплой водички и шампуня. Одной рукой она держит котёнка, другой намыливает его. Котёнок жалобно мяукает и вырывается.

— Бабушка, почему он вырывается? Разве он не хочет поиграть в воде?

— Нет, Серёжа, кошки не любят купаться.

— Не бойся, — обращается Серёжа к котёнку. — Мы тебя не обидим!

Ну вот, котёнок чистый. Он смешной, взъерошенный. Бабушка вытирает его полотенцем.

— Как мы его назовём? — спрашивает Серёжа.

— Давай вместе придумаем, — предлагает бабушка. — Смотри, какой он красивый: белый, пушистый, глаза зелёные, озорные.

— Бабушка, ты знаешь, я смотрел мультик про кота Леопольда, давай его тоже таким именем назовём, — говорит Серёжа.

— Хорошо, — соглашается бабушка.

Раздаётся звонок в дверь: дзынь-дзынь! Кто там пришёл? Это дедушка вернулся домой.

— Деда, деда, смотри, у нас котёнок! Его зовут Леопольд, — радуется Серёжа.

— Красивый котёнок, — говорит дедушка. — Давайте покормим его молочком.

Дедушка наливает молоко в блюдечко, и котик пьёт. Ну вот, он наелся и облизывается. Серёжа взял его на руки и погладил. Котёнок замурчал и лизнул Серёжу. Язык у него шершавый.

— Ой, щекотно! — Серёжа смеётся.

Задания

1. Посмотри на котёнка. Из каких фигур он состоит?
2. Раскрась круги в синий цвет, прямоугольники в красный, треугольники в жёлтый, квадраты в зелёный цвет.

3. Расскажи, чем котята отличаются друг от друга.
4. Помоги маме-кошке найти похожего на неё котёнка.

КАК НУЖНО ЗНАКОМИТЬСЯ

Бабушка и Серёжа собираются на прогулку. Серёжа берёт ведёрко, лопатку, грабельки и формочки. Где Серёжа собирается играть? В песочнице!

Бабушка и Серёжа на улице. В песочнице уже играют детки. Девочка копает ямку. Один мальчик строит дорогу для машин, второй лепит куличики.

Серёжа тоже хочет играть. Он садится рядом с детками и начинает насыпать песок в ведёрко. Мальчик, который оказался рядом с Серёжей, ему помогает.

— Как тебя зовут? — спрашивает Серёжа.

— Женя, — отвечает мальчик.

— А меня Серёжа.

Девочка услышала их разговор, и говорит:

— А меня зовут Аня.

— Я Андрюша, — говорит второй мальчик.

Вот так дети познакомились. Они подружились и играют вместе: строят гараж, дорогу, домики.

Вместе играть интересно и весело!

Задания

1. Посмотри на картинку, расскажи, что делают дети.
2. Придумай имя каждому ребёнку.

93

СЕРЁЖИНА ОДЕЖДА

Мама перебирает одежду в шкафу. Смотрит, из чего Серёжа вырос, а из чего нет.

Вот Серёжин непромокаемый дождевик с капюшоном. Его Серёжа надевал осенью в дождливые дни.

Вот Серёжины резиновые сапожки. Осенью Серёжа ходил в них по лужам, а ножки оставались сухими.

Вот комбинезон и тёплая шапка. Серёжа надевал их зимой. А ещё зимой он носил колготки, штанишки, свитер, рукавички и шарфик. Надевал тёплые сапоги. Голову защищал от мороза шапкой. Зимой холодно, поэтому Серёжа много одежды на себя надевал.

Что делал Серёжа зимой? Он катался на санках, играл в снежки, трогал сосульки и лепил снеговиков. Потом наступила весна. Снег растаял, на улице потеплело. Весной Серёжа выходил на улицу в лёгкой курточке и шапке. А когда стало ещё теплее, гулял в штанишках и свитере.

Теперь наступило лето. На улице жара. Серёжа выходит погулять во двор в шортиках и футболке. На нём кепка, чтобы жаркое солнышко голову не напекло. На ногах у Серёжи — сандалики.

Задания

1. Помоги Серёже одеться для прогулки.
2. Соедини линиями одежду и время года, когда Серёжа её надевает.

95

В ПАРИКМАХЕРСКОЙ

— Серёжа, сегодня мы с тобой пойдём в парикмахерскую, — говорит папа. — Тебя нужно подстричь. Посмотри в зеркало, видишь, какие у тебя длинные волосы выросли, чёлка падает на глаза и мешает смотреть.

Кто работает в парикмахерской? Тётя-парикмахер. Что она будет делать? Она подрежет Серёже волосы, и они станут короче. Серёжа — мальчик, у мальчиков — короткие волосы.

У девочки могут быть и короткие, и длинные волосы. Свои волосы девочки заплетают в косички, завязывают на них бантики, украшают заколками. А мальчики не носят бантики и заколки, они делают красивые стрижки.

Вот Серёжа в парикмахерской. Парикмахер надевает на него специальный фартучек и берёт в руки ножницы. Но Серёжа крутит головой, и парикмахер не может его стричь.

— Не крути головой, — просит папа. — Если будешь вертеться, тётя нечаянно тебя поранит.

Серёжа сидит смирно, и тётя-парикмахер снова подносит ножницы к его волосам. Но Серёже не нравится, когда они щёлкают возле уха, и он снова вертит головой.

Парикмахер опускает ножницы и говорит:

— Я не могу стричь, это опасно!

— Ну что ж, пойдём домой, — обращается папа к Серёже. — Пусть твои волосы растут, пока не станут такими длинными, как у девочки. Тогда все будут думать, что ты девочка. Придётся мне вместо машин куклы для тебя покупать.

— Не хочу в куклы играть! Хочу в машины! — говорит Серёжа.

Делать нечего, надо стричься. На этот раз Серёжа не вертит головой, не крутится, он сидит смирно и смотрит в зеркало на своё отражение. Парикмахер стрижёт его.

Чик-чик! — делают ножницы. Чик-чик-чик! — и на пол летят состриженные Серёжины кудряшки. Чтобы волосы не попали в глазки, Серёжа жмурится. Парикмахер замечает это и смахивает с Серёжиного лица волосы пушистой кисточкой. Щекотно! Серёжа смеётся.

— Видишь, Серёжа, стричься совсем не страшно и даже интересно, — говорит папа. — Посмотри, какие разные расчёски у парикмахера: большие и маленькие. А это фен. Из него идёт тёплый воздух и сушит мокрые волосы.

Парикмахер берёт в руки машинку для стрижки волос и водит ею по Серёжиной голове. Машинка гудит возле самого уха и щекочет. Но Серёжа терпит, не крутит головой.

Ну, вот и всё, парикмахер закончила свою работу!

— Серёжа, посмотри на себя в зеркало. Видишь, какая у тебя красивая стрижка?

Серёжа смотрит в зеркало и улыбается своему отражению. Ему нравится, как его подстригли.

Задания

1. Назови предметы на рисунках.
2. В каждом ряду обведи кружочком самый большой предмет.
3. Подчеркни самые маленькие предметы.
4. Как называется человек, который стрижёт волосы и делает причёски?

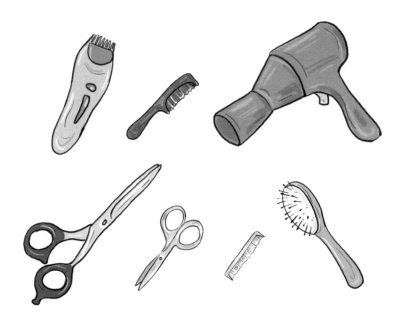

КАК СЕРЁЖА ПОМОГАЛ МАМЕ ПОКУПКИ НЕСТИ

— Серёжа, обувайся, мы идём на рынок, — говорит мама. — Нам нужно сделать много разных покупок, мне понадобится твоя помощь.

— Зачем тебе помощь? — спрашивает Серёжа.

— У меня будет много сумок. Ты поможешь мне их нести, — объясняет мама.

Пока папа на работе, Серёжа единственный мужчина в доме. Кто же ещё маме поможет? Конечно, Серёжа!

Мама и Серёжа на рынке. Вот продаются яблоки, а вот бананы и сливы. На другом лотке — помидоры и огурцы. А тут — капуста и персики.

Мама набрала полные сумки овощей и фруктов.

— Серёжа, возьми, пожалуйста, персики в свой рюкзачок, — просит она.

Серёжа любит персики, он рад принести их домой. Но по дороге к дому Серёжа вдруг устал и остановился. Ему захотелось сбросить с себя рюкзак.

— Мама, я устал. Возьми мой рюкзачок и меня на ручки, — просит он.

— Ты что, Серёжа? Я так упаду, — отвечает мама. — Посмотри, как много у меня сумок. Руки заняты. Куда же я тебя возьму? И к тому же я тоже устала.

Серёжа удивлён. Он не знал, что мама устала.

— А что же делать? — спрашивает он. — Я больше не хочу нести рюкзак.

— Я тоже не хочу нести сумки, — говорит мама. — Но мы же не можем их тут бросить! Придём домой и за-

хотим съесть персики, а их нет. Вот тогда мы с тобой скажем: «Лучше бы мы потерпели чуть-чуть и донесли до дома сумки. Теперь бы персики ели!» Так что? — спрашивает мама, — отдохнём и дальше пойдём?

— И дальше пойдём, — соглашается Серёжа.

Мама и Серёжа пришли домой. Мама разбирала сумки, Серёжа ей помогал. Потом мама помыла персики и принесла один Серёже на тарелочке.

Серёжа надкусил персик.

— М-м-м! Как вкусно! — говорит он.

— Ешь на здоровье, — отвечает мама и улыбается.

— Хорошо, что мы не поленились сумки домой принести. Теперь так вкусно! — радуется Серёжа.

Задания

1. Посчитай сколько яблок, слив и персиков на столе.
2. Скажи, каких фруктов на столе больше? Каких фруктов мало?

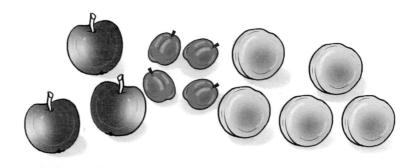

3. Назови все овощи и фрукты, которые видишь на нижнем рисунке. Потом закрой книжку и ещё раз назови те же самые овощи и фрукты.

КАК СЕРЁЖА И ПАПА ИГРАЛИ В ПРЯТКИ

— Папа, поиграй со мной, — просит Серёжа.

— Хорошо, — отвечает папа. — Я спрячу твоего Симбу в комнате и выключу свет, а ты с помощью фонарика его найдёшь.

Папа сажает львёнка на полку рядом с книгами, выключает в комнате свет и зовёт Серёжу. У Серёжи в руках фонарик. Он заходит в тёмную комнату вместе с папой и по очереди освещает фонариком все предметы в комнате.

Вот Серёжа посветил под стул — там лежит машина, на стул — там висит одежда. Тогда он светит фонариком на стол. На нём альбом и карандаши. А где же Симба?

Серёжа светит под кровать — но и там львёнка нет, только тапочки стоят. Тогда Серёжа светит вверх. Луч фонарика попадает на книжные полки. Кто это рядом с книгами? Это Симба! Ура, нашёлся! Серёжа берёт львёнка на руки и прижимает к себе.

Теперь Серёжина очередь прятать Симбу, а папа будет его искать. Серёжа кладёт львёнка в свою кроватку и выключает в комнате свет.

— Папа, на фонарик. Ищи Симбу!

Папа направил фонарик на пол. Там игрушки: мишка лежит, трактор, грузовик… Под столом нет Симбы, под стулом нет. Что это на стуле? Это одежда, под кроватью — тапочки. А в кровати кто? Это Симба! Вот он где! Папа нашёл его.

Серёжа радуется, берёт Симбу на руки и бежит к маме.

— Мама, мама, мы с папой Симбу в темноте искали!

— Нашли? — спрашивает мама.

— Нашли! Вот он! — и Серёжа показывает маме своего Симбу.

Задания

1. Соедини линией игрушку с её тенью.
2. Расскажи, в какие игры ты любишь играть.

СЕРЁЖА НЕ ХОЧЕТ ИДТИ В СВОЮ КРОВАТКУ

Наступил вечер. На улице стемнело. Пора ложиться спать. Но Серёжа ещё не сложил игрушки на место. На полу кубики, машинки, трактор, книжки.

— Нужно убрать игрушки, — говорит мама.

— Зачем? Завтра я опять буду играть! — отвечает Серёжа.

— Это будет завтра. А сегодня нужно сложить игрушки на место. Вдруг ночью ты захочешь пойти в туалет? В темноте не заметишь игрушку и наступишь на неё. Поранишь ножку, а игрушка сломается, — объясняет мама и предлагает: — Давай я помогу тебе убрать.

Ну вот, в комнате порядок. Серёжа искупался и надел пижамку.

— Идём поцелуем папу — и спать! — говорит мама.

Но Серёжа папу поцеловал, а в кроватку идти не хочет.

— Я останусь рядом с папой, — говорит он. — Буду спать на диване!

Но на диване сидит папа. Он смотрит телевизор.

— Серёжа, ты не сможешь заснуть под звук телевизора, — говорит мама.

— Нет, смогу! — спорит Серёжа. Тогда мама говорит:

— Пойдём посмотрим на твою кроватку, спит ли уже Симба? Но я первая к нему прибегу, — говорит мама и спешит к Серёжиной кроватке. Тогда Серёжа ещё больше спешит, он обгоняет маму и первым прибегает к Симбе.

— Симба уже в кроватке, — говорит мама. — Ему здесь хорошо. Какая мягкая у тебя постелька! — мама кладёт голову на Серёжину подушку. — Одеяло тёплое и уютное. Давай, Симба, я тебя укрою, — говорит мама и укрывает Симбу одеялом.

Серёжа быстро забирает одеяло.

— Я сам буду здесь спать, — он ложится в кроватку, укладывается щёчкой на подушку и крепко обнимает Симбу.

— Мягкая подушечка! — говорит Серёжа.

— Вот и хорошо! — радуется мама и выключает свет. — Спокойной ночи, сынок!

Задание

Раскрась жилетку Симбы, сидящего на стуле, в красный цвет; Симбы, лежащего под столом, — в зелёный цвет; того, что находится между машинками, — в жёлтый цвет; а жилетку того, что забрался в кроватку, — в синий цвет.

ДЕНЬ РОЖДЕНИЯ БАБУШКИ

У Серёжиной бабушки сегодня день рождения. Папа, мама и Серёжа идут поздравлять бабушку. Папа купил цветы, у мамы в руках красивая коробочка с бантиком, а у Серёжи — открытка. Он вместе с мамой выбрал её для бабушки, вместе с мамой подписал.

У Серёжи есть двоюродный братик Андрюша. Он ещё маленький, как и Серёжа. Андрюша тоже придёт поздравлять бабушку. Как же они поздравят её? Они подарят ей подарки и споют песенку про день рождения.

По дороге к бабушке мама говорит:

— Серёжа, у бабушки сегодня праздник, поэтому мы все должны её радовать. Давай, как можно больше улыбаться и не капризничать. Тогда бабушка будет в хорошем настроении и скажет нам спасибо.

Серёжа согласен. Он любит бабушку и хочет порадовать её.

И вот праздник начался! Серёжа целует бабушку, дарит ей открытку и говорит:

— С днём рождения!

И Андрюша тоже поздравляет бабушку.

— А хотите спеть для бабушки песню про день рождения? — спрашивает Серёжина мама.

— Хотим, хотим! — соглашаются Серёжа и Андрюша.

— Ну, вот и хорошо, — радуется мама. — Так и сделаем.

Но что случилось? Почему Серёжа и Андрюша поют песню с грустными лицами? У Андрюши по щеке катится слеза, и у Серёжи в глазах слёзки.

— Почему ты плачешь, Серёжа? А ты почему плачешь, Андрюша?

— Мы тоже хотим день рождения! — хнычут мальчики. — Мы тоже подарки хотим!

— Тогда идите скорее за стол, — говорит бабушка. — Вы меня поздравили, а я угощу вас чем-то вкусненьким!

Бабушка ласково гладит внуков и угощает их сладким тортиком.

Серёжа и Андрюша больше не плачут, им вкусно, и они радуются.

Хороший праздник день рождения, даже если он не твой!

Задания

1. Зачеркни лишний предмет.
2. Расскажи, какие подарки тебе принесли на день рождения.

3. Раскрась вторую половинку торта.
4. Посчитай, сколько свечек на торте.

ПОЖАРНАЯ МАШИНА

Серёжа и мама возвращаются с прогулки домой. Они проходят мимо пожарной станции. Там несколько больших пожарных машин. Серёжа остановился и рассматривает машину. Она большая, красного цвета. У неё есть шланг для воды и лестница.

— Если где-то загорится дом, люди наберут по телефону 01 и вызовут пожарных. Тогда на пожарной станции раздастся сигнал тревоги. Пожарные наденут каски, сядут в машину и поедут тушить пожар, — объясняет мама. — У пожарной машины есть мигалка и сирена. Мигалка горит ярким светом, а сирена громко гудит: «Уи-уи-уи!» Это значит: «Скорее уступайте нам дорогу!» Ведь пожарные спешат спасать людей от огня!

— А для чего пожарной машине нужен шланг, ты знаешь? — спрашивает мама Серёжу.

— Чтобы поливать из него водой огонь, — отвечает Серёжа.

— Правильно, в пожарной машине есть большой бак с водой, водичка бежит по шлангу, льётся прямо на огонь и гасит его. А теперь скажи мне, для чего пожарным лестница?

— Чтобы по ней забраться туда, где горит огонь, — отвечает Серёжа.

— И эта лестница не простая, — продолжает мама. — Она удлиняется и может достать до второго этажа, до третьего и выше. Пожарные взбираются по ней и попадают в ту квартиру, которая горит. Если там есть человек, они спасают его: помогают ему спуститься по лестнице вниз. Когда пожарные справятся с пожаром, они снова вернутся на пожарную станцию.

Ну вот, пожарная станция осталась позади, а впереди магазин игрушек. Серёжа хорошо его знает, он любит заходить туда.

— Мама, давай посмотрим, вдруг там продаётся пожарная машина, — предлагает он. Мама соглашается.

И правда, в магазине продаётся игрушечная пожарная машина. Серёжа берёт её в руки и любуется.

— Мама, я так люблю эту пожарную машину! — говорит он. — Давай её купим!

И мама покупает Серёже машину.

Дома Серёжа показывает её папе.

— Папа, смотри, вот у машины мигалка, вот лестница, а вот шланг для воды, чтобы тушить пожар. Пожарные — смелые. Они не боятся огня и спасают людей!

Задания

1. Назови каждый вид транспорта. Расскажи, для чего он предназначен.

2. Покажи, какую лестницу выберут пожарные для каждого дома, чтобы потушить пожар.

ПОДЪЁМНЫЙ КРАН

Мама и Серёжа идут по улице. Путь им преграждает забор, за которым виднеются два подъёмных крана: один ниже, другой выше.

— Мама, почему там два подъёмных крана? — спрашивает Серёжа.

— Я не знаю. Забор закрывает площадку, и мне не видно, что там строят.

— А ты придумай мне сказку про подъёмные краны, — просит Серёжа.

— Хорошо, — отвечает мама и придумывает сказку.

«Жили-были подъёмные краны. Папа-кран был красного цвета и такой высокий, что мог построить многоэтажный дом. Мама-кран была синего цвета и ниже папы-крана. Она тоже могла построить многоэтажный дом, но, конечно, не такой высокий, как папа. И был у них сынок — совсем невысокий, жёлтенький подъёмный краник.

Как все подъёмные краны, они любили строить. И вот однажды они затеяли большую стройку. Папа строил самый высокий дом. Он хотел, чтобы в нём поместилось много детей со своими родителями. И для этого он всё достраивал и достраивал верхние этажи. Верхушка дома уходила высоко в небо. «Повезёт тем, кто поселится на последних этажах! — радовался папа-подъёмный кран. — Откроют они окошко, а мимо облако проплывает!»

Мама-кран была ниже папы-крана и не доставала до последних этажей дома. Она строила театр, чтобы дети могли там смотреть спектакли и радоваться.

А что же делал сынок, жёлтенький подъёмный краник? Ведь он же был самым низким. Нашлась ли работа для него? Нашлась! Он решил строить гаражи для машин. Ведь гаражи низкие и тоже очень нужны людям.

Вот какую большую стройку затеяла семья подъёмных кранов. Скоро люди заселятся в новый дом, поставят машины в гаражи и будут ходить в театр», — так мама закончила свою сказку.

— Ещё расскажи такую сказку! — просит Серёжа.

— Я же только что рассказала! — удивляется мама.

— Ещё! Ещё! Мне понравилось, — просит Серёжа.

— Ну, хорошо, — соглашается мама. — Давай вернёмся домой, и ты нарисуешь все подъёмные краны: папу, маму и сыночка. А я расскажу тебе эту сказку ещё раз.

Задания

1. Рассмотри рисунок.
2. Покажи где папа-кран, мама-кран и сын-краник. Какого цвета каждый из них?
3. Что строила семья кранов?
4. Покажи самый высокий подъёмный кран, тот, что ниже и самый низкий.

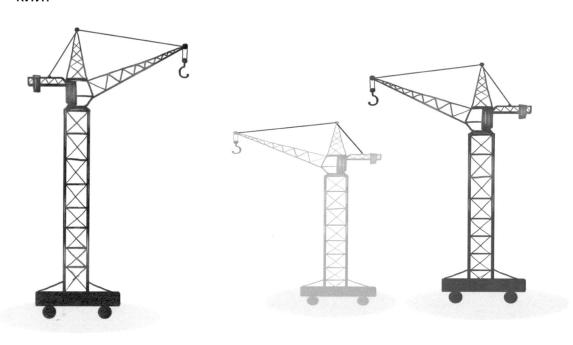

КАК НУЖНО ПЕРЕХОДИТЬ ДОРОГУ

Папа и Серёжа идут в парк. Чтобы туда попасть, нужно перейти через дорогу.

— Стой, Серёжа, — говорит папа. — Через дорогу можно переходить только по пешеходному переходу, глядя на светофор. Если он показывает человечка зелёного цвета, значит, пешеходы могут идти. Пешеходы — это те, кто пешком ходит, — объясняет папа. — Сейчас мы с тобой переходим маленькую дорогу, здесь светофора нет, но есть пешеходный переход. Посмотри под ноги, и ты увидишь белые полоски на асфальте. Это дорожка для пешеходов. Увидев её, водитель едет медленнее, чтобы пропустить пешеходов.

Папа и Серёжа собираются перейти через маленькую дорогу. Папа держит Серёжу за руку и говорит:

— Перед тем, как ступить на пешеходный переход, нужно остановиться и внимательно посмотреть налево и направо. Если машин нет — переходи, если есть — стой и жди, пока они проедут.

Папа и Серёжа так и сделали. Они посмотрели налево и направо. И что же? Увидели они машину? Да. Что теперь нужно сделать? Подождать, пока машина проедет.

Ну вот, машина проехала, и папа с Серёжей перешли через дорогу. Но впереди ещё одна дорога — большая. По ней едут троллейбусы, автобусы, машины. Возле пешеходного перехода установлен светофор.

Красный свет означает «Стоп!», зелёный — «Иди!» или «Езжай!», жёлтый — «Внимание, сейчас загорится другой свет!»

Серёжа видит, как на светофоре для водителей зажёгся красный свет, машины остановились. Светофор для пешеходов показал зелёного человечка, значит, можно переходить дорогу. Дорога широкая, люди идут быстро, спешат. Как только папа и Серёжа оказались на противоположной стороне, зелёный человечек стал красным. Всё, теперь нельзя переходить дорогу! Машины снова поехали.

Задания

1. Посмотри внимательно на картинки и найди отличия.
2. Выбери из двух картинок ту, на которой папа с Серёжей могут перейти через дорогу.
3. Расскажи, как переходишь дорогу ты.

ПИКНИК

Сегодня на улице хорошая погода: небо ясное, тучек нет, солнышко светит ярко.

— Серёжа, мы собираемся на пикник, — говорит мама и кладёт в сумку бутерброды и бутылку воды.

— А что такое пикник? — спрашивает Серёжа.

— Пикник — это прогулка в лес с обедом на свежем воздухе, — объясняет мама. — Ты, я и папа прогуляемся по лесу, поиграем, а потом сядем на травке и покушаем.

Серёжа рад. Он кладёт в свой маленький рюкзачок пакетик сока и любимое печенье.

Все садятся в машину. Папа за руль, мама рядом с папой, а Серёжа сзади, на своё детское сиденье. Мама пристёгивает Серёжу ремнём безопасности. Машина едет, Серёжа смотрит в окно.

— Вот мы и приехали! — объявляет мама.

Серёжа выходит из машины и смотрит вверх. Вокруг деревья высокие. На них листочки зелёные. На ветках птицы сидят и щебечут. Хорошо в лесу!

Мама постелила на травку покрывало и поставила рядом сумку с едой. Серёжа положил свой рюкзачок.

— Смотри, Серёжа, что у меня есть, — говорит папа и достаёт из багажника машины мяч. — Давай играть в футбол, — предлагает он.

Серёжа очень рад. Он любит играть в футбол. Ну вот, мячик укатился в кусты. Серёжа бежит по траве, наклоняется, чтобы достать мяч, и видит, что под кустом что-то шевелится!

112

— Папа! — кричит Серёжа. — Тут кто-то есть!

Папа и мама подошли поближе, чтобы лучше рассмотреть.

— Это ёжик! — говорит мама. — Посмотри, какие у него колючки. Этими колючками он защищается от других животных. Сворачивается клубком, носик прячет, а колючки выставляет. Если собачка или лисичка захотят его укусить, они этого сделать не смогут. Колючки уколют их, и они уйдут.

Серёжа рассматривает ёжика, тот свернулся клубком, потому что испугался людей.

— Не бойся, ёжик, — говорит мама, — мы тебя не обидим, беги дальше.

Папа, мама и Серёжа отошли в сторонку и увидели, как ёжик высунул мордочку. Он огляделся по сторонам и побежал к другому кустику.

— До свидания, ёжик! — кричит ему вслед Серёжа.

Ну вот, все проголодались. Пора начинать пикник. Мама вынимает из сумки бутерброды, а Серёжа достаёт из своего рюкзачка печенье и сок.

Как вкусно есть на свежем воздухе! Какой хороший пикник получился!

Задания

1. Посчитай, сколько на картинке ёжиков.
2. Покажи больших ёжиков.

3. Покажи и посчитай маленькие грибы.

4. Посмотри на рисунок и расскажи, что растёт на полянке.

КАК СЕРЁЖА ИГРУШКИ С БАЛКОНА БРОСАЛ

Серёжа в гостях у бабушки и дедушки. На улице тепло, и бабушка открыла дверь на балкон. Серёжа любит выходить на балкон и смотреть сквозь решётку балкона вниз. Сверху всё кажется таким маленьким — и люди, и машины. Земля так далеко! Но бабушка не разрешает Серёже выходить на балкон одному.

Тогда Серёжа позвал бабушку и вместе с ней вышел на балкон. Он смотрит вниз, в его руках кубик. Вдруг Серёжа бросает кубик вниз. Бум! — это далеко внизу кубик приземлился.

— Упал, — говорит Серёжа и смотрит на бабушку.

— Ай-ай-ай! — говорит бабушка. — Надо пойти на улицу и поднять кубик.

Бабушка выходит за дверь, а Серёжа остаётся дома с дедушкой. Дедушка читает газету. Серёжа набирает полные руки кубиков и снова идёт на балкон. Сквозь решётку балкона он видит, как далеко внизу бабушка поднимает с земли его кубик и уходит. С высоты бабушка кажется маленькой.

Серёжа бросает по очереди все кубики вниз. Бум! Бум! Бум! — падают кубики на землю.

Тут дедушка увидел, что Серёжа на балконе, и забрал его оттуда.

— Что ты делал на балконе? — спрашивает дедушка. Серёжа молчит.

Дедушка посмотрел вниз и увидел, что там, на дорожке, лежат разноцветные Серёжины кубики. Когда бабушка вернулась, дедушка рассказал, что Серёжа снова кубики с балкона бросал. Тогда бабушка говорит:

— Серёжа, вот ты кубики вниз бросил, а там ходят люди. А вдруг кубик попал в кого-то и ударил? Как стыдно! — бабушка качает головой. — А если твои кубики найдёт полицейский или дворник, что они скажут? Ты же знаешь, что полицейский следит за порядком: чтобы никто не хулиганил, никто никого не обижал. Дворник убирает мусор вокруг дома, подметает. Вдруг он рассердится, что ему ещё и твои кубики приходится убирать, и выбросит их в мусор? Я больше не пойду вниз! — говорит бабушка.

— А как же я без кубиков буду дом строить? И гараж? И дорогу? — расстроился Серёжа.

— А зачем ты выбросил свои кубики?

— Я больше не бу-у-ду! Бабушка, ну, пожалуйста, сходи за моими кубиками ещё раз! — просит Серёжа.

— Хорошо, — соглашается бабушка. — Но только пойдём вместе. Это ты кубики с балкона бросал, сам их и собирай!

— А если внизу полицейский ходит или дворник? Если они догадаются, что это я кубики выбросил, что тогда? — спрашивает Серёжа.

— Тогда нам стыдно будет, — говорит бабушка. — Придётся нам извиниться и сказать правду: что это твои кубики, ты не знал, что нельзя кубики с балкона бросать. Потом ты пообещаешь собрать их и больше так не делать.

Бабушка и Серёжа спустились вниз и собрали все Серёжины кубики. Ни полицейского, ни дворника там не было, но Серёже всё равно было стыдно, и он пообещал бабушке больше никогда ничего не бросать с балкона.

Задание

Рассмотри внимательно картинки и сравни их. Скажи, каких игрушек не хватает в Серёжиной комнате на рисунке справа?

ОТПУСК

Ура! У папы и мамы отпуск!

Отпуск — это когда не надо ходить на работу. Мама, папа и Серёжа собираются поехать на море. Они укладывают вещи в чемоданы, а Серёжа собирает свой рюкзачок. Он кладёт туда львёнка Симбу, кепку, машинку и книжку.

— Мама, я готов, — говорит Серёжа и сам несёт свой рюкзак к машине.

Папа сложил чемоданы в багажник. Пора отправляться в путь!

Серёжа садится в детское кресло, и папа пристёгивает его ремнём безопасности. Если вдруг машина резко затормозит, Серёжа не упадёт, потому что ремешок крепко его держит.

— Брум-брум, — это папа завёл машину, и мотор загудел.

Серёжа едет и смотрит в окно. Вокруг дома, машины. Вот и парк, в котором обычно Серёжа с мамой гуляют. А теперь машина выехала за город. С одной стороны дороги — поля, с другой — лес. Здесь нет домов.

Мама дала Серёже вкусное сладкое яблоко. Серёжа съел яблоко и почувствовал, как он устал. Его глазки закрылись, и он уснул.

Задания

1. Посмотри на рисунок и скажи, у какой машины путь длиннее.

2. Обведи карандашом вещи, которые Серёжа положил в свой рюкзачок.

НА МОРЕ

По дороге на море Серёжа заснул в машине. А когда проснулся, увидел горы.

— Ого, какие они высокие! — удивляется Серёжа.

— Мы почти приехали, — говорит папа.

Машина остановилась рядом с красивым домом.

— Здесь мы будем жить, — говорит мама, а папа вынимает из багажника чемоданы.

— Ну что, сразу на море? — спрашивает мама. Все начинают собираться на пляж. Серёжа надевает плавки и кепку. Папа надувает для него уточку — надувной круг.

А вот и море. Волны набегают на берег и шумят: ш-ш-ш! На берегу галька — множество маленьких камешков у самого моря.

Мама и папа постелили полотенца на лежаки и легли загорать. А Серёжа собирает камешки в ведёрко. Камешки разные: серые, чёрные, белые, и все они гладкие. Серёжа пробует поднять ведро, доверху заполненное галькой. Тяжёлое! Тогда Серёжа высыпает камешки.

Теперь он выкладывает гальку на свою ножку. Камешки горячие, это их солнце нагрело.

— Серёжа, идём купаться, — предлагает папа. Он берёт Серёжу на руки и несёт к воде. Сначала водичка кажется прохладной, но потом Серёжа привыкает к ней и заходит глубже в воду. Папа надевает на него круг. Серёжа смеётся. Он держится за уточку-круг и плывёт. Чтобы плыть быстрее, он шевелит ногами и бьёт по воде руками. Летят брызги. Они попадают Серёже в глазки и в рот.

— Солёная, — говорит Серёжа.

— Да, вода в море солёная, — подтверждает папа. — Закрывай ротик, чтобы вода туда не попала.

Ну вот, Серёжа накупался и вышел из воды. Мама накинула на него полотенце и надела кепку.

— Солнце греет очень сильно, без кепки нельзя. Иначе напечёт голову, и станет плохо, — объясняет она.

— Кто хочет мороженое? — спрашивает папа.

— Я! — отвечает Серёжа.

— И я! — говорит мама.

Папа покупает эскимо для всей семьи. Серёжа улыбается: он любит мороженое.

Задания

1. Найди круг, который отличается от остальных.

2. Посмотри на рисунок. Что из нарисованного горячее?

3. Раскрась горячие предметы в красный цвет.

4. Что на рисунке холодное? Раскрась в голубой цвет.

АХ, МОРЕ, МОРЕ!

Папа, мама и Серёжа идут на пляж. Мама держит полотенца, у папы в руках надувной матрас и насос. Серёжа сам несёт свой круг-уточку и ведёрко.

А что в ведёрке? Машинки. Серёжа любит играть машинками, он их с собой везде берёт: и в песочницу, и на пляж. Из маминой сумки выглядывает Серёжин Симба. Его тоже взяли с собой.

На пляже люди загорают: они лежат на песочке или на лежаках. Если им жарко, они прячутся в тень под большие зонтики от солнца.

Папа собирается надуть матрас. Он присоединяет к нему насос и нажимает на него ногой. Пш-ш! Пш-ш! — это матрас заполняется воздухом и увеличивается в размерах. Серёжа тоже хочет накачивать матрас. Он нажимает ногой на насос, но ему тяжело. У Серёжи не хватает сил, и воздух в матрас не поступает.

— Давай вместе, — предлагает папа.

Ну вот, совсем другое дело, матрас надут! Папа отнёс его в воду.

— Ложись на матрас, я тебя покатаю, — предлагает он.

Но матрас качается на волнах, и Серёжа боится взбираться на него. Тогда он возвращается к маме и вынимает из сумки Симбу. Вдвоём не страшно.

— Не бойся, Симба. Видишь, я не боюсь! — говорит ему Серёжа. Теперь он взбирается на матрас, а папа его катает.

— Ой, как хорошо! И совсем не страшно, — радуется Серёжа.

Задания

1. Найди, кто накачивает надувной матрас.

2. Покажи, под каким зонтиком отдыхает папа, под каким — мама, и какой выбрал Серёжа.

ОЙ, МОРЬКА БЕЖИТ!

Серёжа с папой и мамой на пляже.
— Мама, идём купаться! — просит Серёжа.
— Чуть попозже, — отвечает мама. Она только что вышла из воды и теперь хочет позагорать.
— Папа, идём купаться! — зовёт Серёжа.

Но папа лежит с закрытыми глазами. Наверное, он уснул.
— Мама, идём купаться! — снова просит Серёжа.
— Ну, хорошо, идём, — отвечает мама и ведёт Серёжу к морю.

Серёжа надевает круг-уточку и подходит к воде. На его ножки набегает волна.
— Ой, холодная! — вскрикивает Серёжа и пятится назад.
— Вода не холодная, просто ножки нагрелись на солнце. Постой в водичке, и ты привыкнешь, — говорит мама.

Набегает ещё одна волна и снова накрывает Серёжины ножки.

— Ой! — кричит Серёжа. — Морька бежит! — и убегает подальше от воды.

— Ты же хотел купаться! — напоминает ему мама.

— Больше не хочу, — отвечает Серёжа.

— Быстро ты передумал, — смеётся мама.

— Пусть Симба купается, — говорит Серёжа и кидает того в воду.

Но что это? Симба не качается на волнах, он тонет! Ой-ой! Надо немедленно его спасать! Серёжа смело вбегает в воду и хватает своего Симбу.

— Молодец, Серёжа! Ты спас его! — хвалит мама.

Серёжа крепко обнимает своего Симбу, а мама — своего Серёжу.

Задания

1. Как ты думаешь, что ищет чайка под водой, чтобы полакомиться?
2. Расскажи, кого и как спас Серёжа.

НА ЛОДКЕ

Папа предлагает Серёже покататься на лодке. Серёжа соглашается.

— Тогда собирайся скорее, — говорит папа. — Нам нужно добраться до причала и взять напрокат лодку.

— А что такое причал? — интересуется Серёжа.

— Причал — это место на берегу, куда подходят лодки и корабли, — объясняет папа. — Лодка или корабль подплывает к берегу, перекидывает мостик, и люди выходят по нему на причал. Наш причал находится далеко. Поэтому мы поедем туда на велосипедах.

Папа и мама садятся на свои велосипеды. А куда сядет Серёжа? Смотрите: к папиному велосипеду прикреплена специальная детская тележка.

— Ух ты! — Серёжа садится в неё и рядом сажает своего Симбу.

Папин велосипед поехал, и Серёжа тоже поехал в своей тележке. Мама едет позади Серёжи и наблюдает, всё ли у него в порядке.

Вот проехали через парк, вдоль реки и выехали на причал. Серёжа видит много лодочек на воде. Они привязаны, чтобы их волнами не унесло в море.

Папа заплатил деньги за лодочку, теперь можно плыть.

У папы в руках вёсла, с их помощью он управляет лодкой. Лодочка качается на волнах, и от этого в животе щекотно. Серёже нравится, он улыбается.

Но вот Серёжа захотел грести вёслами, как папа. Он толкает весло двумя руками, изо всех сил. Но оно слишком тяжёлое, Серёжа не может сдвинуть его с места.

— Не расстраивайся, — просит мама. — Посмотри, какие у папы большие руки, а у тебя ещё маленькие. Но ты растёшь каждый день, особенно если хорошо кушаешь. Скоро ты станешь таким большим, как папа, и тоже сможешь управлять лодкой, а может, даже и кораблём!

Задания

1. Посмотри на картинку и расскажи, что видели путешественники по дороге от дома до причала.

2. Чего не хватает машине и велосипеду? Дорисуй недостающие части.

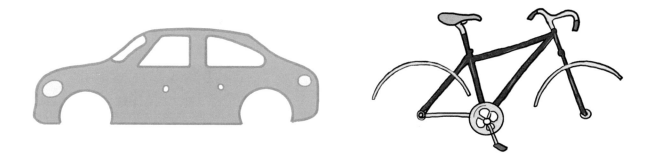

125

ТЕНЬ

Серёжа, папа и мама прогуливаются по улице. Солнышко позади, а впереди бежит тень. У мамы и папы тени длинные, а у Серёжи — короткая.

Серёжа идёт — и тень идёт. Серёжа побежал, хотел догнать её, но тень тоже побежала.

— А ты остановись, — предлагает мама. — Тогда и твоя тень остановится.

Серёжа остановился. И правда, тень тоже остановилась. Серёжа наступил на неё ногой.

— Всё, я тебя поймал! — радуется он.

Затем Серёжа поднял руки вверх и помахал ими. Тень всё повторила за ним. Серёжа подвигал ногами — и тень тоже. Серёжа снова побежал, и тень бежит впереди. Он остановился — и тень тоже встала.

— Мушка-повторюшка! — кричит ей Серёжа.

Но тень ничего не отвечает, молчит. Мама сложила руки вместе и выставила два пальчика — получилась тень зайчика. Потом помахала руками — получилось, будто птица летит.

Вот мама, папа и Серёжа зашли за угол дома. Туда солнечные лучи не попадают, и тень исчезла. Серёжа оглядывается, ищет тень. Нет её! Она пропала!

— Мама, куда делась тень? — спрашивает Серёжа.

— Мы зашли за дом, он закрыл нас от солнца. Поэтому наши тени исчезли, спрятались в большой тени дома, — объясняет мама.

Теперь Серёжа снова вышел на солнце, и у него опять появилась тень. Вот она, смотрите!

Задания

1. Найди Серёжину тень.

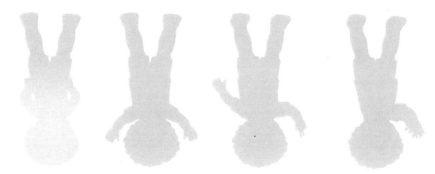

2. Приведи каждого человечка в его домик.

СОДЕРЖАНИЕ

Знакомство с Серёжей 4
Какой я? 6
Для чего нужны глазки, ушки и носик? 8
Серёжин распорядок дня 10
Мама делает зарядку 12
Серёжа обедает 14
Серёжа играет дома 16
Серёжа капризничает 18
Серёжа примеряет папину одежду 20
Серёжа купается 22
Зачем надо спать? 24
Серёже приснился страшный сон 26
Мама говорит по телефону 28
Как одеваться зимой? 30
Мама и Серёжа играют в снежки 32
Во что играют зимой? 34
Кто такой Дед Мороз? 36
Праздник Новый год 38
Серёжа заболел 42
Серёжа рисует 44
Мама убирает, Серёжа помогает 46
Серёжа испугался 48
На улице дождь 50
Серёжа рисует красками 52
Серёжа уснул 54
Мокрые штанишки 56
Воздушный шарик 58
Я сам 60
Серёжа в песочнице 62
Серёжа катается на карусели 64

Серёжа кормит голубей	66
Серёжа, не потеряйся!	68
Серёжина комната	70
В магазине	72
Мама готовит обед	74
Спрячь меня, а потом ищи!	76
Мама спит	78
Муха	80
Большой и маленький	82
В гостях у бабушки и дедушки	84
Серёжа разговаривает по телефону	86
Серёжа лепит из пластилина	88
Серёжа и котёнок	90
Как нужно знакомиться	92
Серёжина одежда	94
В парикмахерской	96
Как Серёжа помогал маме покупки нести	98
Как Серёжа и папа играли в прятки	100
Серёжа не хочет идти в свою кроватку	102
День рождения бабушки	104
Пожарная машина	106
Подъёмный кран	108
Как нужно переходить дорогу	110
Пикник	112
Как Серёжа игрушки с балкона бросал	114
Отпуск	116
На море	118
Ах, море, море!	120
Ой, морька бежит!	122
На лодке	124
Тень	126

КАК РАБОТАТЬ С КНИГОЙ, ВЫПОЛНЯТЬ РАЗВИВАЮЩИЕ УПРАЖНЕНИЯ

ДОРОГИЕ ЧИТАТЕЛИ, при работе с книгой советую вам следовать четырём правилам.

1. Начинайте читать книгу с первого рассказа и двигайтесь по порядку к последнему.
2. Упражнение к рассказу выполняйте только после прочтения рассказа.
3. Не выполняйте за один раз все упражнения в книге.
4. Ребёнок должен выполнять упражнения только под руководством родителей.

Как правильно выполнять упражнения?

Первая книга рассчитана на детей 2–3 лет. Конечно, в этом возрасте ребёнок ещё не знает, что такое упражнения и как их выполняют. Первоначальная задача родителей состоит в ознакомлении ребёнка с этим понятием *через практическое освоение задания*. Для примера рассмотрим упражнение к первому рассказу — «Знакомство с Серёжей», в котором требуется дорисовать контуры самолёта по пунктирной линии и раскрасить его.

Обращаемся к ребёнку: «Видишь, нарисован самолёт. Рисунок не закончен: одна часть самолёта хорошо видна (показываем), разукрашена голубым цветом, а вторая часть не дорисована и не разукрашена (тоже показываем). Давай-ка возьмём простой карандаш и дорисуем самолёт». После этих слов обхватываем ручку ребёнка с зажатым в ней карандашом и ведём её по пунктирной линии. Говорим: «Вот, самолёт дорисовали. Теперь его нужно раскрасить. Видишь, самолёт голубого цвета. Берём голубой карандаш и раскрашиваем его». Снова обхватываем ручку малыша и помогаем ему раскрасить самолёт, не выходя за границы контурной линии (насколько это получится).

Поскольку это было самое первое задание для малыша, мама или папа выполнили его вместе с ним. Маленький ребёнок ещё не понимает инструкции, звучащие из уст взрослых, он *мыслит в действии* (т.е. понимание приходит к нему в процессе действия). Выполнив упражнение вместе с ребёнком, родители показали ему, что значит «упражнение» и как его надо выполнять. Но этого мало. Ребёнок только-только ознакомился с этим понятием и понял, что от него хотели. Теперь, разобравшись в задании, он хочет выполнить упражнение сам! И ему обязательно нужно предоставить такую возможность. Для этого родители малыша, прежде чем начать выполнение первого задания, должны сделать заготовки: на альбомном листе изобразить самолёт, подобный рисунку в книге (одна часть которого чётко прорисована и раскрашена, а вторая нет). При этом самолёт должен быть крупнее, чтобы ребёнку легче было раскрашивать и он по минимуму выходил бы за пределы рисунка.

Таким образом, показав, что такое упражнение и как надо его выполнить, вы предоставляете ребёнку полную свободу действий на втором точно таком же рисунке. И если в книжке вы ограничивали свободу ребёнка, стараясь сильно не черкать и не мять страницы, то на альбомном листе позвольте ему делать так, как он хочет. В результате рисунок в книге, выполненный вместе с родителями, аккуратный. Он служит образцом, неким эталоном, на который надо равняться. А задание, выполненное ребёнком самостоятельно на альбомном листе, получилось менее аккуратным. Зато оно помогло ему совершенствовать навыки мелкой моторики, выражать себя через рисунок, развивать творческое мышление, быть независимым от руководства старших.

Необходимо учесть тот факт, что все дети разные, каждый ребёнок развивается по своей индивидуальной программе. Поэтому одному будет достаточно раскрасить самолёт в книге, а потом такой же самолёт на альбомном листе, после чего захочется сменить вид деятельности. А другой может пожелать рисовать ещё и ещё. Тем более теперь, когда он понимает, что от него хотят, и когда он вошёл во вкус. Такому ребёнку родители могут предложить нарисованный на альбомном листе рисунок (машина, пирамидка, кукла, ведёрко, цветок или солнце) — любой крупно изображённый предмет, одна часть которого дорисована пунктирной линией и не раскрашена. Задание то же самое, а объект иной. Это полезно как для общего развития, так и для закрепления материала.

В следующий раз (в этот же день после обеденного сна или на следующий день, но обязательно после небольшого перерыва) снова предложите ребёнку дорисовать самолёт по пунктирной линии на новой заготовке и раскрасить его. То же самое можно сделать с рисунком машины, пирамидки, куклы, цветка и т. д. *При этом всегда ориентируйтесь на интерес и увлечённость вашего крохи. Если он устал или не хочет выполнять задание — не настаивайте! Помните, что в дошкольном возрасте ведущий вид деятельности ребёнка — игра. И обучаем мы его только через игру, через интерес к данному виду деятельности и эмоциональную заряженность.*

После того как малыш освоил процесс выполнения первого упражнения в разнообразных вариантах, переходите к следующему, предварительно прочитав второй рассказ. И также, на практике, обучайте его выполнению второго упражнения.

Пройдя первых два рассказа о Серёже, предложите ребёнку за одно занятие выполнить сразу два разных задания:

1) завершить рисунок самолёта по пунктирной линии;
2) раскрасить волосы и глаза у деток на рисунке (так вы закрепляете две предыдущие темы).

Итак, читаем один рассказ и после этого в течение 5–15 минут выполняем развивающие упражнения, уже знакомые ребёнку, на заранее заготовленных альбомных листах.

Не требуйте от ребёнка точного выполнения всех инструкций — он пока ещё не умеет вписываться в пределы рисунка и точно следовать всем указаниям. На данном этапе самым главным является интерес ребёнка к заданию и его увлечённость. В результате с вашей помощью ребёнок усвоит понятие «упражнение» и закрепит его на практике с помощью аналогичных заданий.

С каждым последующим разом, дорисовывая по пунктирной линии самолёт или любой другой объект, ваш малыш будет чувствовать себя более уверенно, а действие, выполняемое им, станет более осознанным. И через некоторое время его не испугают никакие упражнения и задания. Он с лёгкостью и уверенностью будет справляться с ними.

Выполняя задания в книге, связывайте их с реальной жизнью. Например, описав Андрюшу и Серёжу в упражнении ко второму рассказу, предложите ребёнку описать себя, своих маму и папу, мальчика или девочку во дворе и т. д.

Если в книге предлагается задание про посуду («Серёжа обедает»), покажите малышу, как выглядит дуршлаг и сито на вашей кухне, пусть он увидит, что эта посуда не удерживает воду, объясните почему. Налейте в дуршлаг ложку супа, положите в него отварной картофель, пусть малыш видит, что при этом происходит, и объясняйте.

В процессе выполнения развивающих упражнений ребёнок получает огромное количество новых сведений. При этом у него развиваются мышление, внимание, память, речь. Он учится подолгу сосредотачиваться на определённом виде деятельности, осознаёт, сравнивает. Одновременно с этим у него формируется усидчивость, ему начинает нравиться выполнять упражнения.

Несколько месяцев спустя, при регулярном чтении и работе с заданиями, ваш кроха станет заметно сообразительнее и проворнее в выполнении упражнений. Если вы начали такие занятия с 2 лет, уже к 3 годам он с радостью будет отзываться на предложение позаниматься — по любой книжке. При этом он сможет сосредоточенно (в течение 10–15 минут и более) выполнять упражнения, а быть может, потребует от вас закончить все задания в книге за один раз! Вы ещё будете вступать в борьбу за то, чтобы отвлечь его от книжки и переключить внимание на другой объект! *Подобная любовь к книгам, сообразительность, развитая память, усидчивость и умение концентрировать внимание сыграют позитивную роль при адаптации к детскому саду и подготовке к школе, а также помогут ребёнку в освоении школьной программы.*

С пожеланием успехов ОКСАНА СТАЗИ

ОКСАНА СТАЗИ — учитель начальных классов, детский писатель и психолог. Работала в группах раннего развития детей, а также с детьми-билингвами в русской школе Парижа.

Оксана — детский писатель, психолог, педагог с многолетним стажем работы. Успешно работает с детьми, консультирует родителей, занимается преподавательской деятельностью. Имеет международную практику: продолжительное время работала во Франции (студия-мастерская русского языка и культуры «Апрелик», Париж).

Оксана вырастила двух сыновей. Один, уже взрослый, другой — подросток, учится в старшем классе. На протяжении более двадцати лет она записывала для себя всё, что подмечала в их поведении. В результате получилась трилогия «Жил-был Серёжа», которую уже оценили читатели, и другие книги. Главные эксперты её книг, конечно, дети. Они требуют почитать про Серёжу, пытаются ему подражать. По словам многих родителей, книги приходится зачитывать до дыр. Успех обусловлен тем, что истории не придуманные, а реальные.

Получив в 1990 году диплом с присвоением квалификации «учитель начальных классов», Оксана Стази постоянно совершенствует свои знания в области педагогики и психологии (глубинно-ориентированная терапия, символдрама, юнгианский анализ в работе с детьми т. д). В 2010 году с отличием окончила Московский институт педагогики и психологии. За отличную учёбу была занесена в справочник «Лучшие выпускники Москвы» программы «Российские интеллектуальные ресурсы».

Книги Оксаны интересны и детям, и взрослым. Они содержат не только интересные рассказы, но и полезные упражнения, песенки и стишки для совместного разучивания, практические советы. Её книги — настоящие помощники и интересные собеседники.

Оксана Стази не может сидеть сложа руки — она встречается с читателями, пишет статьи в детские журналы (с некоторыми можно ознакомиться на сайте), занимается благотворительностью, ищет единомышленников. Её девиз — «Вперед и с песней!».

Более подробную информацию ищите на сайте **www.stazi.ru**

Эти и другие книги автора можно заказать на сайте **www.bilingva.ru**